Bibliografische Information der Deutschen Nationalbibliothek

Die Deutsche Nationalbibliothek verzeichnet diese Publikation in der Deutschen Nationalbibliografie. Detaillierte bibliografische Daten sind im Internet über http://dnb.d-nb.de abrufbar.

2. Auflage
© Copyright Dr. Markus Dobler, Leipzig 2014
KaDo-Berlin

ISBN: 978-3-00-043174-6

Dr. Markus Dobler
Pascal Croset

Führung auf dem Prüfstand:

Über den Umgang mit schwierigen Mitarbeitern und Low Performern

Zum Thema weibliche Form

Ich möchte noch einen Hinweis zu der männlichen und weiblichen Form der Personensubstantive und -pronomina in diesem Buch geben. Die deutsche Rechtschreibung bietet für dieses Problem keine befriedigende Lösung. Ein Text, bei dem der / die Mitarbeiter/innen als Bewerber/innen bzw. als Kaufmann / -frau vorkommen, ist sehr mühsam zu lesen. Daher habe ich mich aufgrund der besseren Lesbarkeit für jeweils eine Geschlechterform entschieden. Ich tue dies aus der Überlegung heraus, dass bei Bezeichnungen wie „Mitarbeiter" oder „Gesprächspartner" nicht in erster Linie eine Frau oder ein Mann gemeint sind, sondern ein Mensch.

Deutsche Rechtschreibung, Anmerkungen und Kritik

Dieses Buch wurde vor der Veröffentlichung selbstverständlich auch auf orthografische Fehler kontrolliert. Dabei wurden alle meine schweizerischen Stilblüten ins Bundesdeutsche übersetzt. Dennoch weiß ich aus Erfahrung, dass trotz höchster Sorgfalt der eine oder andere Fehler nicht rechtzeitig entdeckt wird und sich erst nach der Veröffentlichung stolz präsentiert. Dies ist aus ästhetischer Sicht immer etwas ärgerlich, schmälert jedoch die Inhalte keinesfalls.

Sollten Sie also einen Fehler finden, behalten Sie ihn bitte nicht für sich, sondern lassen Sie es mich wissen. Lassen Sie es mich auch wissen, wenn Sie Anregungen, Ergänzungen oder Kritik haben.

Inhaltsverzeichnis

Wozu dieses Buch?	7
Schwieriger Mitarbeiter oder Low Performer?	9

Teil 1 – Ursachen · 13

Ursachen	14
Ursachen im Umfeld des Mitarbeiters	**16**
Die richtige Leistungsforderung	16
Notwendige Voraussetzungen für Leistungsfähigkeit	16
Die Zuordnung von Leistungsfaktoren	18
Das „Züchten" schwieriger Mitarbeiter	24
Der Gestalter und der Verwalter	25
Arbeitsrechtliche Versäumnisse	26
Vorläufiges Resümee	30
Der Mitarbeiter als Ursache	**31**
Der Einfluss der Persönlichkeit	32
Die Leistungsfähigkeit des Mitarbeiters	45
Leistungsmotivation und ihre Voraussetzungen	46
Die Fähigkeiten des Mitarbeiters	62
Vorläufiges Resümee	66

Teil 2 – Lösungsansätze — 67

Lösungsansätze — 68

Die schrittweise Änderung des Umfelds — 69

Kritische Reflexion der Situation — 69
Ursachen aus dem Umfeld prüfen — 71
Klare Worte an die Betroffenen — 73
Ursachenforschung beim Mitarbeiter — 81
Das konstruktive Gespräch — 82
Enge Personalführung: kritisch und konsequent — 88

Ein paar Worte zum Thema Abmahnung — 99

Wozu abmahnen? — 100
Wie abmahnen? — 100
Eine Abmahnung richtig überbringen — 104

Veränderung durch Coaching — 106

Was ist Coaching? — 106
Der Unterschied zwischen Training und Coaching — 107
Was bringt Coaching – was kann Coaching? — 108
Welche Coachingmethoden sind sinnvoll? — 115

Nachwort — 117

Literatur — 118

Weitere Bücher der Autoren — 119

Wozu dieses Buch?

Schwierige Mitarbeiter, Low Performer, Schlechtleister: Das sind abwertende Bezeichnungen, die suggerieren, dass die Ursachen für ihre Anwendung ausschließlich bei so bezeichneten Mitarbeitern liegen.

Es ist unbestritten, dass es in vielen Unternehmen Mitarbeiter gibt, deren Defizite in Leistung oder Verhalten das Betriebsergebnis gefährden, externe Beziehungen zum Kunden und interne Teambeziehungen stören. Der Umgang mit solchen Mitarbeitern ist ein Problem ihrer Führung – deshalb ist dieses Thema ein Führungsthema. Doch wie geht eine Führungskraft damit um? Wo liegen die Ursachen für schlechte Leistung und Fehlverhalten wirklich? Welche Maßnahmen sind zu ergreifen, wenn ein Mitarbeiter nicht das leistet, was von ihm erwartet wird? Wie soll reagiert werden, wenn ein Mitarbeiter zum Problemfall wird, weil er stets Selbstverständliches infrage stellt, sich abfällig gegenüber Kollegen äußert oder sich als Einzelgänger im Unternehmen bewegt?

> Bei kaum einem Thema ist echte Führungskompetenz so gefragt, wie bei der Konfrontation mit Mitarbeitern, die Erwartungen nicht erfüllen. Und kaum ein anderer Fall wird so sehr zum Prüfstein von Führung.

In meiner Tätigkeit als Führungskräftecoach werde ich mit diesen Fragen nahezu täglich auf zwei Weisen konfrontiert:

1. In der diagnostischen Ermittlung jener Risikofaktoren, die dazu führen, dass ein Mitarbeiter oder eine Führungskraft zum Low Performer oder schwierigen Mitarbeiter mutiert.

2. In der Mitarbeiter- und Führungskräfteentwicklung, bei der Verhalten und Leistung von schwierigen Mitarbeitern und Low Performern optimiert werden sollen.

Nach den anfänglich üblichen Bekundungen guter Zusammenarbeit müssen im Laufe der Zeit Vorfälle und deren Interpretation zumindest beim Arbeitgeber zum Wunsch geführt haben, sich von einem Mitarbeiter zu trennen. Nicht selten beruht das auf Gegenseitigkeit. Beide Parteien haben ihre Gründe und ihren Anteil an der entstandenen Situation.

Dieses Buch setzt hier an. Es soll Führungskräften Impulse vermitteln, die zum Überdenken bisher üblicher Verfahrensweisen und zur Selbstreflexion anregen. Ziel soll es sein, obige oder ähnliche Fragen aufzugreifen, mögliche Ursachen zu erörtern und in der Praxis bewährte Lösungsansätze vorzustellen.

Schwieriger Mitarbeiter oder Low Performer?

Diese Frage wird kontrovers diskutiert. Jeder Arbeitgeber scheint diesbezüglich eigene Formulierungen zu verwenden. In meinen Seminaren frage ich Führungskräfte regelmäßig danach. Die Antworten unterscheiden sich formal, sind sich aber inhaltlich ähnlich.

Zum Low Performer existiert eine einheitliche Sichtweise: Das sei ein Mitarbeiter, der nicht die geforderte Leistung erbringe, eben ein Minderleister.

Der schwierige Mitarbeiter ist schon schwerer zu beschreiben. Mit dem Begriff wird oft jemand bezeichnet, der dazu neigt, ständig zu diskutieren, selbst über Selbstverständlichkeiten oder klare Regelungen. Als schwierig empfinden die meisten meiner Seminarteilnehmer jene Mitarbeiter, die für jede ihrer Handlungen sofort „beweisen", dass sie gerechtfertigt ist. Als schwierig empfinden die Befragten auch Mitarbeiter, die schnell beleidigt sind und dann trotzig reagieren. Auch Menschen, die alles besser wissen oder ständig ihre Unzufriedenheit kundtun und damit für Missstimmung in der Belegschaft sorgen, werden als schwierig angesehen. Aus psychologischer Sicht werden vor allem Menschen mit einer hohen egozentrischen und egoistischen Ausprägung als schwierig bezeichnet.

Um den Unterschied zwischen einem schwierigen Mitarbeiter und einem Low Performer auf analytischem Wege zu klären, ist es zunächst sinnvoll, die Frage zu stellen, was ein Arbeitgeber von einem Mitarbeiter erwartet.

Dazu sollte man sich gedanklich an den Anfang einer Unternehmung begeben und sich den Initiator vorstellen, der eine Geschäftsidee verwirklicht. Sie soll im Wesentlichen rentabel sein.

Selbst Non-Profit-Unternehmen, wie Pflegeeinrichtungen oder Krankenhäuser, stehen heutzutage (leider) unter einem Gewinnzwang.

„Der Grund, weshalb andere Menschen für die Unternehmung eingesetzt werden (müssen), liegt im Wesentlichen darin begründet, dass der Initiator seine Ideen, seine Visionen (und seine Rendite) ab einem bestimmten Zeitpunkt nicht mehr allein verwirklichen kann. Er braucht andere Menschen, die ihn unterstützen, ihn entlasten und seine Handlungs- und Energieressourcen spürbar verstärken" (Dobler, 2013).

> Mitarbeiter sollen Entlastung bringen, indem sie Leistung zur Verfügung stellen. Der Leistungsfähigkeit des Mitarbeiters stehen die tatsächlich gelieferte Leistung und der finanzielle und sozial-kommunikative Betreuungsaufwand gegenüber.

Die meisten Führungskräfte und Arbeitgeber wünschen eine möglichst schnelle (zumindest eine termingerechte) Lieferung der Leistung mit dem tatsächlich „bestellten" Inhalt. Darüber hinaus möchten sie den „Betreuungsaufwand", den ein Mitarbeiter naturgemäß einfordert, so gering wie möglich halten.

> Je termingerechter ein Mitarbeiter das liefert, was bestellt wurde, und je geringer dabei der Betreuungsaufwand ist, desto beliebter ist der Mitarbeiter. Stellt man diese beiden Bedingungen in einem Koordinatensystem dar, so zeigt die folgende Grafik diesen Mitarbeitertyp als A-Mitarbeiter.

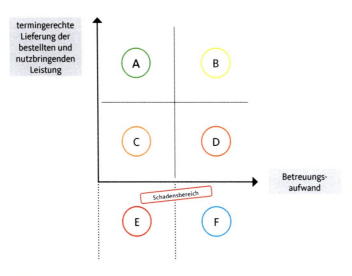

Abb. 1: Mitarbeitertypen in Bezug auf den Betreuungsaufwand und die termingerechte Lieferung

> Die Grafik weist als Typ B einen Mitarbeiter aus, der zwar die gewünschte Leistung termingerecht liefert, dabei jedoch einen hohen Betreuungsaufwand erfordert. Er ist der klassische schwierige Mitarbeiter.
>
> Typ C ist ein Mitarbeiter, der kaum Leistung liefert, jedoch auch kaum Betreuungsaufwand erfordert. Dieser Typ wird gern als „Unternehmensbewohner" oder als Minderleister bezeichnet. Damit ist er ein Low Performer.
>
> Problematisch ist Typ D. Er leistet kaum etwas, fordert jedoch im Gegensatz zu Typ C einen hohen Betreuungsaufwand. Damit ist er ein schwieriger Low Performer.

> Die Typen E und F produzieren darüber hinaus auch noch Schaden. E ist der typische Schlechtleister und F darüber hinaus auch noch schwierig zu betreuen.

Sicher lassen sich weitere Definitionen finden. Doch die beschriebene Unterteilung hat erkennbare Vorteile. Deshalb wird sich dieses Buch im weiteren Verlauf darauf stützen.

Teil 1

Ursachen

Ursachen

Keiner wird als Low Performer geboren. Warum ein Mitarbeiter dazu wird, scheint auf den ersten Blick schwer erklärbar zu sein. Doch die Ursachen sind bei genauerer Betrachtung recht simpel.

Am Anfang stehen Hoffnungen: die Hoffnung des Arbeitgebers, einen Mitarbeiter eingestellt zu haben, der bei geringem Betreuungsaufwand die ersehnte Entlastung bringt; die Hoffnung des Mitarbeiters, einen sinnvollen Arbeitsplatz und einen Arbeitgeber gefunden zu haben, der wertschätzt, was man tut. Nach diesen Hoffnungen und einem „Herzlich Willkommen an Bord" müssen eine Reihe von Ereignissen zu Enttäuschungen geführt haben.

Auch schwierige Mitarbeiter fallen nicht vom Himmel. Es gibt Menschen, denen es schwerfällt, sich in bestehende soziale Gefüge einzuordnen. Viele von ihnen werden durch mangelhafte Auswahlverfahren bereits bei der Bewerbung übersehen. Doch selbst wenn sie nicht erkannt wurden: Irgendjemand muss ihr Verhalten von Anfang an toleriert haben.

Die wenigsten Mitarbeiter sind grundsätzlich schwierig. Meistens haben sich beide Parteien in eine für sie schwierige Situation hinein manövriert, aus der sie ohne Hilfe von außen nicht mehr herausfinden.

Dafür gibt es drei Gründe:

1. der Mitarbeiter selbst,
2. das Umfeld des Mitarbeiters,
3. arbeitsrechtliche Versäumnisse.

Im nächsten Kapitel betrachte ich zunächst das Umfeld des Mitarbeiters und schließe die Untersuchung arbeitsrechtlicher Versäumnisse an. Der Mitarbeiter selbst wird in dem darauf folgenden Kapitel zum Gegenstand der Analyse.

Ursachen im Umfeld des Mitarbeiters

Die richtige Leistungsforderung

Jeder Mitarbeiter eines Unternehmens soll Leistung erbringen, und zwar bei möglichst geringem Betreuungsaufwand jene, die von ihm gefordert wird. Bedingung dafür ist jedoch, dass die Forderung nach Leistung realistisch, eindeutig und mess- oder prüfbar sein muss. Um es noch einmal anhand der Abbildung von Seite 11 auszudrücken: Der durchschnittliche Arbeitgeber sucht einen Mitarbeiter vom Typ A. Einen Mitarbeiter vom Typ B, also einen schwierigen Mitarbeiter toleriert der Arbeitgeber in der Regel nur dann, wenn dieser außergewöhnliche Leistungen erbringt, die für das Unternehmen unentbehrlich sind.

Ein Mandant des Arbeitsrechtlers Pascal Croset brachte es auf den Punkt: „Nutzfaktor minus Nervfaktor, und solange es positiv ist, bin ich gewillt, auch schwierige Mitarbeiter zu tolerieren."

Notwendige Voraussetzungen für Leistungsfähigkeit

Doch Leistungsfähigkeit entsteht nicht im luftleeren Raum. Damit ein Mitarbeiter überhaupt etwas leisten kann, bedarf es gewisser Voraussetzungen. Ich bezeichne sie als Faktoren. Wenn nur einer dieser Faktoren fehlt, sind die anderen wertlos.

Bevor ein Mitarbeiter seine Arbeitsleistung zur Verfügung stellen kann, braucht er eine klare Aufgabenstellung. Um die Aufgabe erfüllen zu können, braucht er das entsprechende Können. Dafür ist das fachliche Können entscheidend. Ohne ein sinnvolles Vorgehen ist das allerdings wenig wert, deshalb ist neben dem fachlichen Können auch Methodik nötig.

Außerdem muss er angemessen kommunizieren können, um mit anderen Mitarbeitern in Kontakt zu treten. Kompetente Kommunikation ist eine Grundlage effektiver Teamarbeit.

Methodik, fachliches und soziales Können sind wertlos, wenn der Mitarbeiter nicht rechtzeitig die nötigen Informationen erhält, und ohne die nötigen Arbeitsmittel sind auch diese Voraussetzungen wenig hilfreich. Man stelle sich in diesem Zusammenhang einen Musiker vor, dem die Noten fehlen und dessen Instrument defekt ist.

Wenn der Mitarbeiter Ergebnisse liefern soll, ohne dass ein fester Weg vorgeschrieben ist (zum Beispiel ein Projektleiter), muss ein Mindestmaß an Gestaltungsfreiraum vorhanden sein. Jeder Mitarbeiter benötigt zudem klare Regeln und für ihn passende Aufgaben, also Aufgaben, die seinen Fähigkeiten entsprechen.

Es kommen zwei weitere Voraussetzungen dazu: Zum einen ist hier die Leistungsbereitschaft des Mitarbeiters zu nennen, also sein Wollen. Es setzt sich unter anderem aus der „Triebmotivation" (innere Motivation) und der „Reizmotivation" (äußere Motivation) zusammen. Zum anderen ist es die Antriebskraft, ohne die Leistung nur schwer zu generieren ist.

Diese und weitere Faktoren zeigt die folgende Formel:

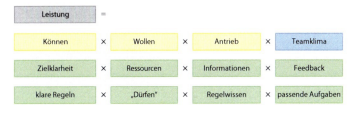

Abb. 2: Einflussfaktoren auf die Leistung des Mitarbeiters

Die Zuordnung von Leistungsfaktoren

Für welche Leistungsfaktoren ist aber nun der Mitarbeiter verantwortlich und für welche der Arbeitgeber? Die in den grünen Feldern der Grafik dargestellten Faktoren sind eindeutig Voraussetzungen von Arbeitgeberseite. Die Zuordnung der „gelben" Faktoren ist weniger einfach. Manche sind der Ansicht, dass der Arbeitgeber auch für Motivation und Können seines Mitarbeiters zuständig sei. Andere meinen, dass diese Faktoren ausschließlich in der Verantwortung des Mitarbeiters liegen. Hier muss klar gesagt werden: Der überwiegende Teil der Verantwortung dafür liegt beim Arbeitgeber. Zwar ergeben sich die gelben Faktoren (Können, Wollen, Antriebskraft) aus den Fähigkeiten, Einstellungen und Eigenschaften eines Mitarbeiters. Die Aufgabe einer Führungskraft ist es aber, dafür zu sorgen, dass alle relevanten Leistungsfaktoren möglichst zu hundert Prozent wirksam werden. Nur dann kann und wird ein Mitarbeiter ein Optimum an Leistung abgeben.

> Die Feststellung, dass für zwei Drittel aller Leistungsvoraussetzungen der Arbeitgeber verantwortlich ist, rehabilitiert die meisten Low Performer.

Tatsache ist, dass viele Voraussetzungen für Leistung von Seiten des Arbeitgebers in der Praxis fehlen.

> Damit ist nicht gesagt, dass es keine echten Low Performer gibt. Doch bevor bequem und pauschal geurteilt wird, sollte jede Führungskraft „vor ihrer eigenen Haustür kehren".

Das beginnt bereits mit der „Bestellung" (Zielklarheit) an den Mitarbeiter. In meinen Veranstaltungen zur Führungskräfte-

Entwicklung stelle ich immer wieder fest, dass den teilnehmenden Führungskräften nicht klar ist, was sie vom Mitarbeiter wollen, sie aber dennoch eine „Bestellung" abgeben. Je nach Hörigkeit und Diensteifer bearbeitet dieser die Bestellung – ohne konkretes Wissen über ihren Inhalt.

> Wenn die Führungskraft nicht weiß, was der Mitarbeiter leisten soll, oder dies nicht interpretationsfrei formulieren kann: Welches Resultat ist dann zu erwarten?

Eine Bestellung kann ich als Vorgesetzter auf zwei Arten auslösen:

1. Ich zeige dem Mitarbeiter den genauen Weg, auf dem er das von mir gewünschte Ziel erreichen soll. Dafür muss ich bereits vorher die Route bis ins Detail planen. Der beauftragte Mitarbeiter muss über das *Wie* nicht mehr nachdenken, sondern nur sorgfältig den Weg verfolgen: Er besetzt eine Strukturstelle.

2. Ich gebe dem Mitarbeiter ein klar definiertes Ziel vor. Dieses Ziel muss für ihn erreichbar und sein Erreichen für mich überprüfbar sein. Zudem muss der Mitarbeiter über die entsprechend notwendigen Ressourcen verfügen. Den richtigen Weg zum Ziel muss er selbst finden: Er besetzt eine Ergebnisstelle.

Beiden Arten der Bestellung ist gemeinsam, dass sie nur funktionieren, wenn der Mitarbeiter genau weiß, was er tun soll.

> Weist bereits die Bestellung Mängel auf, weil Weg und Ziel unklar bleiben, ist ein entsprechendes Ergebnis zu erwarten.

Der Erfolg eines Auftrags hängt auch davon ab, bei wem die Führungskraft bestellt. Nicht selten werden Schuhe beim Bäcker verlangt, also Aufträge an den Falschen gegeben. Einer der häufigsten Gründe für schlechte Leistung ist die Fehlbesetzung.

> Neigungen, Fähigkeiten oder Eigenschaften werden nicht berücksichtigt, so dass Mitarbeiter, die alle Voraussetzungen für eine Ergebnisstelle haben, eine Strukturstelle besetzen. Das ist dann ungefähr so, als ob man den Torwart im Sturm spielen lässt.

Der Erfolg ist auch davon abhängig, ob Mitarbeiter und Führungskraft Abweichungen vom Sollzustand rechtzeitig erkennen und angemessen darauf reagieren.

Wir alle benötigen Feedback, damit wir uns orientieren können. Feedbacks, die ein Ergebnis lediglich in Gut oder Schlecht unterteilen, sind für einen Mitarbeiter nur bedingt nützlich. „Das haben sie gut gemacht.", „Das war ja wohl nix.", „Das müssen sie beim nächsten Mal besser machen." sind Aussagen, die wenig helfen. Selbst eine positive Rückmeldung ohne klare Differenzierung erzeugt nur ein gutes Gefühl, zeigt dem Mitarbeiter aber nicht, *was genau* gut war, und, viel wichtiger, wozu es führte. Er muss nun allein entscheiden, was er bei nächster Gelegenheit wiederholen sollte und was nicht.

Die Art der Rückmeldung beeinflusst auch in hohem Maße die weitere Motivation des Mitarbeiters.

> Wenn die Art der Rückmeldung die Motivation des Mitarbeiters immer wieder stückchenweise zerstört, ist irgendwann keine Motivation mehr übrig. Fehlt die Motivation, sinkt die Leistungskraft. Ein neuer Low Performer entsteht!

Jedes Unternehmen braucht klare Regeln für seine Mitarbeiter. Auch hier stelle ich in der Praxis immer wieder fest, dass etwa der Geschäftsführer zwar von der Existenz klarer Regeln überzeugt ist, diese Überzeugung aber der Realität nicht standhält.

> Häufig wirft man schwierigen Mitarbeitern vor, sich nicht an jene Regeln zu halten, die nirgendwo definiert wurden.

Von Mitarbeitern, die eine Ergebnisstelle ausfüllen sollen – meist Führungskräfte, Projektleiter oder Vertriebsleiter –, werden Ergebnisse gefordert, für deren Erreichen sie den richtigen Weg zum Ziel in einem vorgegebenen Rahmen selbstständig finden müssen. Ist dieser Rahmen zu eng, werden es auch die begehbaren Wege. Je weniger Spielraum der Mitarbeiter besitzt, desto mehr sinkt die Wahrscheinlichkeit, maximale Leistung zu erbringen.
Die Voraussetzung jeder Führung ist die Gefolgschaft der Mitarbeiter. Deshalb ist auch die Beziehungsebene für den Erfolg eines Auftrages oder einer Aufgabe maßgebend. Besitzt eine Führungskraft hier keine Akzeptanz, werden ihr die Mitarbeiter die Gefolgschaft verweigern.

> Gibt es kaum Mitarbeiter, die der Führungskraft folgen, wird diese mit der Zeit zu einer Art Hirtenhund, der seine Mitarbeiter eher treibt statt führt. Das kennzeichnet die Situation von Führungskräften, die sich infolge mangelnder Akzeptanz mit einer Reihe schwieriger Mitarbeiter herumschlagen müssen.

Häufig sind die Arbeitsbedingungen alles andere als optimal und erreichen die Grenze der Zumutbarkeit: Die Software überfordert die Hardware und wird zum Flaschenhals innerhalb der Unternehmensprozesse. Geschäftsführer zeigen sich machtlos gegenüber der IT-Abteilung, die beharrlich an dieser Software festhält. Zu kleine, stickige Büros ohne Klimaanlage senken bei 38 Grad Celsius Außentemperatur im Sommer die Leistungsfähigkeit ebenso wie die allseits von Chefs proklamierten Großraumbüros. Wie soll sich ein Mitarbeiter konzentrieren, wenn bis zu 20 Menschen eine Kakofonie von Geräuschen liefern? Die Gefahr der Ablenkung wächst mit der Zahl der Mitarbeiter im Großraum: je größer der Ablenkungsfaktor, desto geringer die Leistung. Interessanterweise sitzen gerade jene Manager, die stets die Vorzüge eines Großraumbüros betonen, selbst meist in einem Einzelbüro.

Es wird deutlich: Führungskraft und Umfeld können Ursache für Minderleistung sein.

Ich habe dafür relevante Faktoren im Folgenden schematisch dargestellt. Dieses Schema „Ursachen eines Führungsergebnisses" hilft bei der Differenzierung möglicher Ursachen. Mit seiner Hilfe und der Formel „Einflussfaktoren auf die Leistung des Mitarbeiters" kann eine Führungskraft sich zunächst selbst prüfen, bevor sie den Mitarbeiter in den Blick nimmt.

Prüft eine Führungskraft sich selbst, wird schnell erkennbar, dass sie *immer* ihren Anteil an unbefriedigendem Verhalten und schlechter Leistung von Mitarbeitern hat.

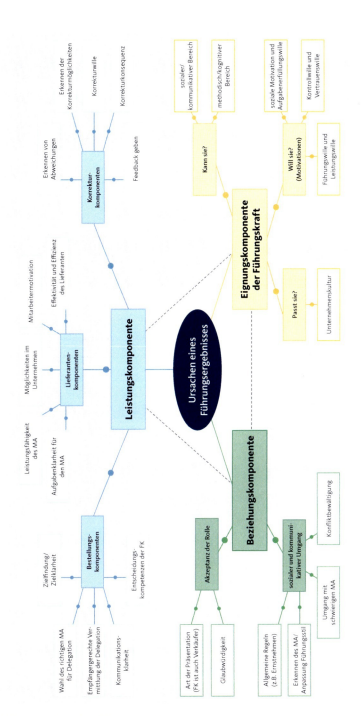

Abb. 3: Ursachen eines Führungsergebnisses

Das „Züchten" schwieriger Mitarbeiter

Bezug nehmend auf die Definition des Begriffs „schwieriger Mitarbeiter" lautet eine bedeutsame Frage an eine Führungskraft: Wer hat diesen Mitarbeiter eingestellt? Meistens heißt die Antwort: der Vorgänger. Diese Entgegnung hilft in der Sache nicht weiter. Es stellt sich doch eher die Frage, wie das Urteil „schwieriger Mitarbeiter" überhaupt zustande kommt: Sicher besitzen egozentrische und egoistische Menschen grundsätzlich genügend Potenzial, um schwierig zu werden.

> Doch jede Veranlagung blüht nur dann auf, wenn sie durch günstige Bedingungen gefördert wird.

Da gerade die Egozentrik ein Rudiment aus der Kindheit ist, sind hier Vergleiche erlaubt. Schwierige Mitarbeiter sind ein wenig wie Kinder, die sich in einer ichzentrierten Phase befinden. Sie testen Grenzen aus. Finden sie keine, dann dehnen sie ein entsprechendes – und unerwünschtes – Verhalten immer weiter aus. Mit jeder Ausdehnung wird es schwerer, ihnen Einhalt zu gebieten.

> Irgendjemand muss das unerwünschte Verhalten des Mitarbeiters sanktionieren. Irgendjemand hat genau dies versäumt. Meist ist eine ganze Reihe von Führungskräften dafür verantwortlich.

Oft sind es auch hier natürlich „die Vorgänger", die ein unerwünschtes Verhalten zuließen. Doch jeder Tag erneuert die Chance, einen Zustand zu ändern. Diese Tatsache kann in Unternehmen niemand ignorieren.

Viele Seminarteilnehmer berichten mir immer wieder, dass sie auf ihrer Ebene reagierten, angestrebte Sanktionen wie etwa Abmahnungen jedoch regelmäßig vom nächst höheren Vorgesetzten oder gar von der Personalabteilung abgelehnt wurden. Man wollte sich nicht mit dem Betriebsrat anlegen oder die „gute Atmosphäre" nicht gefährden.

Hier offenbart sich ein grundsätzliches Problem deutscher Führungsetagen: Gerade auf Konzernebene findet sich immer wieder die sogenannte Matrixorganisation, bei der die disziplinarische Sanktionsmacht von der fachlichen Disposition getrennt ist.

Diese Konstellation führt regelmäßig zu Problemen, und zwar weniger aus rein logischen als aus psychologischen Gründen. Sie ist der Dünger für Machtspiele zwischen den Beteiligten und offenbart das mangelnde Vertrauen in die eigenen Führungskräfte.

Der Gestalter und der Verwalter

Nicht jede Verhaltensweise ist aus sozialkommunikativer Sicht per se schwierig. Eine weiterer Grund für die Bezeichnung „schwieriger Mitarbeiter" ist viel banaler. Er liegt weniger im Fehlverhalten eines Partners, sondern in der mangelnden Eignung der Partner füreinander. Das hängt mit den Möglichkeiten der Ausprägung menschlicher Persönlichkeit zusammen. Sie lässt sich auf vielfältige Weise erforschen und darstellen. Allport und Odbert (1936) haben über 18.000 Begriffe gesammelt, die menschliche Persönlichkeit definieren. Jeder Mensch besitzt hunderte von Kombinationen solcher Merkmale, die ihn definieren und charakterisieren.

Wenn wir nur eine einzige Kombination fokussieren, nämlich den Gestaltungswillen, wird eines rasch deutlich: Es gibt Menschen, die einen sehr großen Drang besitzen, Situationen und Vorgänge zu gestalten und zu verbessern, und es gibt Menschen, die dieses Bedürfnis nicht verspüren und eher zur „Verwaltung" und zur Bewahrung von Zuständen neigen.

Konstellationen, bei denen ein Gestalter auf einen Verwalter trifft, gibt es recht oft. Mit dem Zusammentreffen dieser Menschen in einem Unternehmen entsteht Konfliktpotenzial. Dieses Potenzial wäre allerdings für ein Unternehmen sogar förderlich, wenn sich beide Parteien gerade wegen ihrer Unterschiede ergänzen würden.

> Weder die Ausprägung „Verwalter" noch die Ausprägung „Gestalter" ist gut oder schlecht. Sie ist lediglich ein Merkmal, das je nach Situation für das Erreichen des Ziels nützlich oder hinderlich sein kann.

Doch meist ist jeder Partei die jeweils andere suspekt, und jede bezeichnet die jeweils andere als schwierig. Das ist nicht weiter verwunderlich. Als Beispiel sei der Fall eines Gestalters genannt, der in einen Betrieb kommt, der naturgemäß überwiegend aus Verwaltern besteht. Handelt es sich etwa um ein Atomkraftwerk oder ein Abrechnungsunternehmen, lebt dieser Betrieb ja von Kontinuität. Ein Mensch mit einem großen Gestaltungsdrang muss dort zwangsläufig als schwierig angesehen werden.

Arbeitsrechtliche Versäumnisse

> Das Arbeitsrecht spielt im Arbeitsalltag keine Rolle, solange sich alle gut verstehen. Es rückt erst dann mit rasendem Tempo in den Blick, wenn Trennungswünsche auftauchen.

Genau diese Möglichkeit wird in der Praxis, gerade bei kleineren und mittelständischen Unternehmen, gern übersehen. Zugegeben, die Sicht von Juristen ist für Laien nicht immer nachvollziehbar.

Während anfänglich sowohl Arbeitgeber als auch Mitarbeiter auf gute Zusammenarbeit hoffen, sieht der fachkundige Anwalt schon die Aspekte eines juristischen Streitfalls. Diese Juristensicht mag zunächst befremden, reduziert jedoch die Risiken, den Ärger und die Abfindungszahlung für einen Fall, den sich keiner wünscht.

Eines dieser Risiken ist die Diskrepanz zwischen Arbeitsvertrag und Stellenbeschreibung. Hinzu kommt, dass die meisten Arbeitnehmer im Laufe der Zeit immer mehr das ursprüngliche Arbeitsgebiet verlassen, sodass sie am Ende weder das tun, was im Arbeitsvertrag, noch das, was in der Stellenbeschreibung steht. Dieser Widerspruch ist im Streitfall regelmäßig ein „gefundenes Fressen" für Anwälte und arbeitsrechtlich versierte Betriebsräte.

Unklare Arbeitsverträge und unklare Arbeitsanweisungen führen zu unklaren Forderungen des Arbeitgebers an den Arbeitnehmer. Damit wird ein Konflikt wahrscheinlicher und es reduziert die Erfolgswahrscheinlichkeit des Arbeitgebers im Falle einer (gerichtlichen) Auseinandersetzung.

Die Aufgaben eines Mitarbeiters ändern sich häufig, ohne dass dies arbeitsrechtlich dokumentiert oder vereinbart wird. Im Falle eines Trennungswunsches führt dies zu erheblicher Erklärungsnot des Arbeitgebers gegenüber dem Gericht. Ohne Dokumentation ist ein Sollzustand nicht erkennbar. Damit fehlt die Grundlage für eine Begründung von Abweichungen. Hier gilt dann: Wenn unklar ist, was und wie etwas zu erfolgen hat, kann es keine Abweichung geben und „keine Abweichung" bedeutet juristisch: kein Fehlverhalten.

> Der Nachweis von Abweichungen ist arbeitsrechtlich von entscheidender Bedeutung.

Dennoch begehen Vorgesetzte sehr oft den Fehler, eine Abweichung nicht oder nicht eindeutig zu dokumentieren. Häufig werden Abmahnungen erteilt, bei denen dem Mitarbeiter nicht messbare Abweichungen vorgeworfen werden, sondern aus Sicht des Vorgesetzten verwerfliche Verhaltensweisen oder gar Eigenschaften. Oft enthalten diese allgemeinen Vorwürfe auch noch eine moralische Bewertung.

> Gerade bei Abmahnungen muss eine klare, objektiv nachvollziehbare Abweichung vom geforderten Sollzustand dokumentiert werden. Zudem müssen Alternativen erkennbar sein.

Abmahnungen wegen mangelnder Teamfähigkeit sind beispielsweise juristisch schon deshalb wirkungslos, weil sie sich auf keinen Verhaltensmangel beziehen, sondern auf eine Persönlichkeitseigenschaft. Eigenschaften sind aber nicht abmahnbar. Auch der Vorwurf der mangelnden Teamfähigkeit würde vor dem Arbeitsgericht scheitern, da der Sollzustand, in Form einer unternehmenseigenen Definition nicht angegeben werden kann. Dies gilt in gleichem Maße für die Freundlichkeit gegenüber dem Kunden und das ungebührliche Verhalten gegenüber dem Vorgesetzten.

Abmahnungen für die private Internetbenutzung scheitern regelmäßig vor Gericht, weil vom Arbeitgeber keine Nutzungsregeln dafür aufgestellt wurden. Ebenso ist die bloße Verweigerung von Überstunden, außer in Notfällen, noch kein mahnwürdiges Verhalten, sondern erst dann, wenn dies arbeitsvertraglich klar vereinbart wurde. Selbst Alkoholgenuss am Arbeitsplatz ist nicht grundsätzlich verboten, sondern erst dann, wenn ein ausdrückliches Alkoholverbot im Unternehmen besteht (vgl. auch Croset und Dobler, 2012).

Strebt der Arbeitgeber eine verhaltensbedingte Kündigung an, braucht er zu deren Begründung belastbare Abmahnungen. Lediglich bei unzumutbaren Vertrauensverstößen, zum Beispiel bei angekündigter und vorgetäuschter Arbeitsunfähigkeit, Loyalitätsverstößen, Schmiergeldannahmen oder Spesenbetrug, sind diese entbehrlich.[1] In Fällen, bei denen Verfehlungen jahrelang ignoriert und keine wirksamen Abmahnungen ausgesprochen wurden oder alle Gespräche fruchtlos verliefen, ist eine Trennung oft nur auf juristischem Wege möglich.

> Soll eine gerichtliche Klärung erfolgen, ist der Arbeitgeber im Vorfeld gezwungen, sämtliche Abweichungen belastbar zu dokumentieren, den Mitarbeiter auf jedes Fehlverhalten hinzuweisen und ihn entsprechend zu verwarnen. Bedingung dafür ist die eindeutige Definition von Sollzuständen.

---

[1] Siehe {BAG, Urteil vom 21.06.2001- 2AZR 30/00} {BAG, Urteil vom 05.11.1992- 2AZR 147/92} {LAG, Schleswig-Holstein, Urteil vom 09.06.2009- 5SA 430/08} {BAG, Urteil vom 21.02.2001- 2ARZ 139/00}

Vorläufiges Resümee

Drei Tatsachen sind offensichtlich:

1. Würde jede beteiligte Führungskraft entsprechend handeln, gäbe es weder Schlecht- noch Minderleister und selten schwierige Mitarbeiter!

2. Jeder Schlecht- oder Minderleister und jeder schwierige Mitarbeiter ist immer auch ein Gradmesser der Leistungsfähigkeit eines Unternehmens und seiner Führungskräfte!

3. Jeder Schlecht- bzw. Minderleister und jeder schwierige Mitarbeiter ist ein Indikator: Je mehr Mitarbeiter dieser Art vorhanden sind, desto dringender ist der Handlungsbedarf!

Der Mitarbeiter als Ursache

Bei der kritischen Betrachtung des Umfeldes kann schnell der Eindruck entstehen, dass die Hauptschuld an einer schlechten Mitarbeiterleistung der Arbeitgeber und seine Führungskräfte tragen. Doch für jede soziale Situation tragen immer alle Beteiligten ihre Anteile, auch der betreffende Mitarbeiter selbst.

> Neben äußeren Einflüssen sind auch die unterschiedlichen Eigenschaften, Fähigkeiten, Einstellungen und Motivationen eines jeden Menschen für den Charakter sozialer Situationen verantwortlich.

Kaum ein Low Performer war vom ersten Arbeitstag an ein solcher. Ich habe auch noch nie einen Mitarbeiter gesehen, der gleich an den ersten Tagen nach Einstellung völlig demotiviert zur Arbeit kam.

Irgendetwas muss seit dem Zeitpunkt, als man den Mitarbeiter mit „Herzlich Willkommen an Bord" begrüßte, geschehen sein, damit er zum Low Performer oder schwierigen Mitarbeiter mutierte. Nicht jeder Mensch hat das Zeug zum „Querulanten." Während der eine sein „Leid" und seine Unzufriedenheit still erträgt, kann das ein anderer nicht und beginnt sich zu wehren: mancher leise und konstruktiv, mancher lauthals und unpassend. Der schwierige Mitarbeiter war kaum von Anfang an ein solcher.

Ziel dieses Kapitels ist es, den Anteil des Mitarbeiters an einem Urteil über ihn näher zu bestimmen.

Der Einfluss der Persönlichkeit

Menschen sind in ihrem Wesen verschieden. Jeder hat seine Wertmaßstäbe, Vorlieben, seine Art, sich zu verhalten, zu denken, zu urteilen und zu fühlen.

Vorlieben und Verhalten hängen vom Zusammenwirken von Situation und genetischer Disposition des Einzelnen ab. Der kognitiv-soziale Ansatz der Psychologie nennt dies den reziproken Determinismus und proklamiert, dass wir sowohl Architekten unserer Umwelt als auch Ihr Produkt sind.

Neben diesen beiden Einflussfaktoren bestimmt vor allem die Internalisierung, also die Verinnerlichung sozialer Normen und Werte während der Erziehung, die Ausprägung charakterlicher Eigenschaften.

> Abgesehen vom Einfluss der Situation sind folgende menschliche Faktoren von Bedeutung:
>
> - Eigenschaften,
> - Fähigkeiten/Fertigkeiten,
> - Motivationen und Einstellungen.
>
> Sie bilden in der Summe die Persönlichkeit eines Menschen.

Als Summe dieser Faktoren entsteht die Persönlichkeitsstruktur oder der Charakter. Während sich Fähigkeiten, Einstellungen und Motivationen immer wieder ändern, bleiben gemäß den Trait-Theoretikern[2] die Eigenschaften eines Menschen re-

---

[2] Dies sind Psychologen und Personalverantwortliche, die die Eignung von Menschen in Bezug auf eine Aufgabe durch deren Eigenschaften proklamieren.

lativ stabil. Sie sind so etwas wie ein Wasserzeichen, das unter ganz verschiedenen Umständen zum Vorschein kommt.

Der Einfluss von Eigenschaften

Persönliche Eigenschaften werden bei der sozialen Kommunikation sichtbar. Die Art dieser Kommunikation entscheidet, inwieweit ein Mensch als sozial verträglich oder schwierig empfunden wird. Ein konfliktgeladenes Kommunikationsverhalten ist durch die Tendenz gekennzeichnet, sich ständig zu rechtfertigen, die Schuld stets bei anderen zu suchen (Externalisierung), sich und seine Wünsche stets in den Vordergrund zu stellen, durch Rechthaberei, Kontrollsucht oder durch Deflektion[3].

Die Persönlichkeit eines Menschen offenbart sich auch durch sein Temperament. Von Bedeutung ist in diesem Zusammenhang, wie gern jemand in einer Gruppe gesehen wird. Aufbrausende, impulsive Menschen werden hier in der Regel als anstrengend empfunden.

Am deutlichsten zeigt sich die Persönlichkeit bei alltäglichen Entscheidungen.

> Das Entscheidungsverhalten ist mitverantwortlich für die persönliche Arbeitsmethodik. Sie bestimmt maßgeblich die Leistungsfähigkeit eines Menschen und entscheidet damit, ob er zum Leistungsträger oder zum Low Performer wird.

---

[3] Deflektion bedeutet den Kontakt zu stören, ihn zu unterbrechen, oder ihn einzuschränken, durch eine Abwendung von dem eigenen Bedürfnis, von der Umwelt und (oder) von den Handlungsmöglichkeiten.

Nun ist die Versuchung stets groß, Menschen in Kategorien oder Typen einzuteilen. Schnell sind Modelle zur Hand, die helfen sollen, Menschen zu sortieren. Sicher haben solche Modelle Vorteile. Sie kommen unserer Ordnungsliebe (nicht zu verwechseln mit Ordnungsdisziplin) entgegen, jenem Drang, alles und jeden in unser Werte- und Normensystem einzuordnen.

> Menschen anhand von Modellen und Kriterien einzuteilen, reduziert die Komplexität jedoch in unzulässiger Weise. Das gilt vor allem bei der Bestimmung der Persönlichkeit eines Menschen.

Die bereits erwähnte Begriffssammlung von Allport und Odbert umfasst bekanntlich über 18.000 Begriffe zur Definition menschlicher Eigenschaften. Sie lassen eine gewaltige Anzahl von Variationen zu. Mit jeder Variation wird deutlicher, dass ein Typologisieren von Menschen weder seriös noch zulässig ist.

Aus meiner Sicht ist es jedoch zulässig und sinnvoll, die Kombination einzelner Eigenschaften und Fähigkeiten zu prüfen, etwa jene, die auf soziale Verträglichkeit deuten. Auch die Untersuchung der jeweiligen persönlichen Methodik führt weiter.

Relevante Eigenschaften können entweder ergänzend oder diametral kombiniert werden. Zahlreiche Kombinationen sind möglich. Ich möchte Ihnen an dieser Stelle einige Beispiele vorstellen. Sie zeigen den Einfluss der Eigenschaften auf die Leistungsfähigkeit oder die Verträglichkeit eines Mitarbeiters.

Ich beginne mit den folgenden zwei Eigenschaften, die ich jeweils diametral kombiniere. Im Einzelnen sind dies die Antriebskraft und das Vorgehen bei und nach Entscheidungen.

Menschen mit einer großen Antriebskraft haben stets das Bedürfnis, Vorgänge zu beschleunigen. Häufig initiieren sie Vorgänge selbst. Sie sind mit Lokomotiven vergleichbar: Stets ziehen und schieben sie – sich und andere.

Menschen mit geringer Antriebskraft neigen dazu, abzuwarten. Sie sind eher passiv und lassen sich gerne führen. Um im Bild zu bleiben: Diese Menschen sind Waggons, sie tragen Lasten. Weder die eine noch die andere Ausprägung ist grundsätzlich gut oder schlecht, sondern zunächst nur Merkmal. Neben diesen Grundformen existieren zahlreiche Abwandlungen.

Entscheidungen werden von Menschen nach unterscheidbaren Maßstäben und heterogen getroffen. Die Art der Entscheidungsfindung ist kategorisierbar:
   Es gibt Menschen, die plötzlich, impulsiv und spontan entscheiden. Ihnen genügen nur wenige Informationen, und schon sind sie bereit, zu entscheiden und zu handeln. Häufig sind diese Entscheidungen und Handlungen durch hohe Emotionalität geprägt, aber wenig durchdacht.
   Anderen wiederum ist diese Art zu entscheiden ein Graus. Sie brauchen dafür Zeit und Ruhe. Menschen mit dieser Veranlagung wollen alles abwägen und genau planen. Sie planen nicht selten so lange, dass sie wieder von vorn beginnen können, weil sich die Situation in der Zwischenzeit grundlegend änderte.

> Die genannten Ausprägungen lassen viele Schattierungen zu und sind zunächst lediglich Merkmale ohne Werturteil.

> Kombiniert man diese Eigenschaften wie folgt in einem Kreuz diametral, so kann man Menschen *nur in Bezug auf diese zwei Ausprägungen* unterteilen.

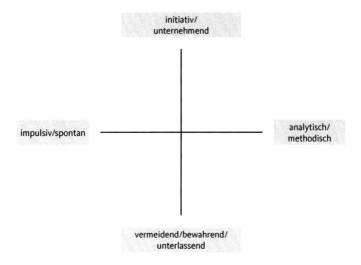

Abb. 4: Unterscheidung in Bezug auf die Antriebskraft und das Vorgehen bei und nach Entscheidungen (I)

Mitarbeiter, die aufgrund ihrer Eigenschaften in der Grafik tendenziell eher oben rechts eingeordnet werden können, sind zwar initiativ, planen jedoch ihre Vorgehensweise methodisch und berücksichtigen mögliche Konsequenzen. Das sind Mitarbeiter, wie wir sie uns wünschen. Diese Kombination aus Antriebskraft und durchdachtem Handeln erhöht die Wahrscheinlichkeit von erwünschten Ergebnissen enorm. Menschen mit einer solchen Kombination liefern in erster Linie konstruktive Lösungen, wenn sie auf Probleme stoßen (siehe Abb. 5).

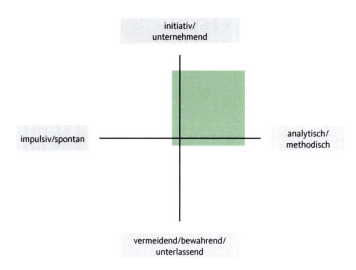

Abb. 5: Unterscheidung in Bezug auf die Antriebskraft und das Vorgehen bei und nach Entscheidungen (II)

Mitarbeiter, die tendenziell im oberen Bereich links eingeordnet werden können, sind ebenfalls initiativ, denken jedoch kaum über ihre Handlungen und Entscheidungen nach. Für sie gilt das Motto: „Während die Weisen noch hin und her überlegen, erobern die Dummen die Festung". Hier besteht durchaus die Chance auf gewünschte Resultate, entsprechende Ergebnisse kommen aber eher zufällig zustande. (siehe Abb. 6).

Mitarbeiter, die tendenziell eher unten links eingeordnet werden können, sind zwar impulsiv, jedoch passiv vermeidend und bewahrend. Sie sind erfahrungsgemäß spontan dagegen, egal worum es geht. Das ist erkennbar an der eindeutigen Verweigerungshaltung und Aussagen wie: „Dafür bin ich nicht zuständig, warum gerade ich, das haben wir noch nie so gemacht". Dieses Verhalten behindert jedes Veränderungsprojekt (siehe Abb. 7).

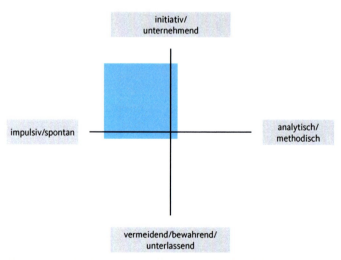

Abb. 6: Unterscheidung in Bezug auf die Antriebskraft und das Vorgehen bei und nach Entscheidungen (III)

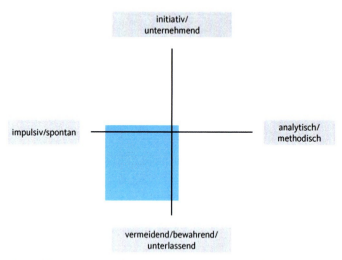

Abb. 7: Unterscheidung in Bezug auf die Antriebskraft und das Vorgehen bei und nach Entscheidungen (IV)

Mitarbeiter, die tendenziell eher unten rechts eingeordnet werden können, neigen ebenfalls dazu, Änderungen zu vermeiden. Durch ihre methodische Vorgehensweise sind sie jedoch in der Lage, ihre Haltung mit zahlreichen Begründungen zu unterstützen. Bei Arbeitgebern und Führungskräften gelten solche Mitarbeiter als äußerst schwierig (siehe Abb. 8).

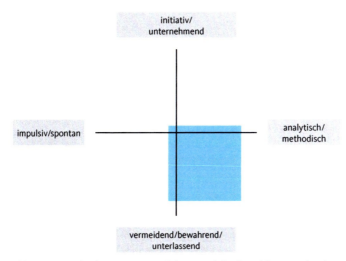

Abb. 8: Unterscheidung in Bezug auf die Antriebskraft und das Vorgehen bei und nach Entscheidungen (V)

Eine weitere Kategorisierung ist in Bezug auf das Problemlöseverhalten[4] möglich. Dies wird insbesondere bei einer Ergebnisstelle[5] maßgebend.

---

[4] Zur Vertiefung empfehle ich: Dobler, M. (2012). *Führungskräfte-Eignung: Weshalb so viele Führungskräfte im Alltag versagen und woran man Führungspotential erkennen kann. Hinweise für das Bewerbungsgespräch und den beruflichen Alltag.*

[5] Zur Erinnerung: Bei einer Ergebnisstelle erhält der Mitarbeiter ein Ziel und muss den „Weg" dahin selbst finden.

Jeder Inhaber einer Ergebnisstelle muss in der Lage sein, das vorgegebene Ziel zu erkennen. Das klingt selbstverständlich, die Realität zeigt aber oft das Gegenteil. Wenn das Ziel klar ist, muss ein effektiver, ein zielführender Weg gefunden werden. Auch hier entspricht die Theorie oft nicht der Praxis.

Jede Vorgehensweise, jeder Weg birgt Risiken, die *vorher* erkannt werden sollten. Je weniger ein Mitarbeiter sie in Betracht zieht, desto höher ist die Wahrscheinlichkeit für ein Scheitern oder für teure Korrekturen. Fast immer liegen Hindernisse auf dem Weg zum Ziel. Kurz: Es gibt Probleme.

In diesem Fall stellt sich die Frage, wie sich ein Mitarbeiter dann verhält.

> Nüchtern betrachtet ist ein Problem die Differenz zwischen Soll- und Istzustand. Die Lösung des Problems liegt in der Verringerung dieser Differenz. Erkennt ein Mitarbeiter den Lösungsweg, entsteht daraus eine Aufgabe. Erkennt er ihn nicht, bleibt das Problem bestehen – bis der Weg gefunden wird.

Vorausgesetzt wird, dass die Lösung effizient ist.

> Konzentriert man sich auf das Problemlöseverhalten und blendet alle weiteren Eigenschaften und Voraussetzungen aus, so kann man Mitarbeiter in Bezug auf ihr Problemlöseverhalten in vier Stufen einteilen (siehe Abb. 9).

Stufe 1: Mitarbeiter, die Aufgaben nicht oder nur unzuverlässig lösen. Es sind klassische D-Mitarbeiter (vgl. Abb. 1 auf Seite 11) und damit Minderleister.

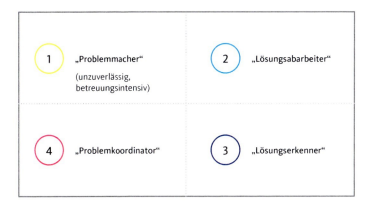

Abb. 9: Unterscheidung in Bezug auf das Problemlöseverhalten

Stufe 2: Mitarbeiter, die Aufgaben zuverlässig abarbeiten, aber keine Lösungen für erkannte Probleme liefern. Sie folgen vorgegebenen Wegen und Strukturen, etwa in der Buchhaltung oder bei der Bedienung von Geräten. Probleme erkennen sie, liefern aber keine Lösungen.

Mitarbeiter mit einer solchen Ausprägung berufen sich häufig auf das Fehlen relevanter Voraussetzungen oder Informationen und stützen sich damit auf die so genannte Bringschuld, bei der jemand anderes das liefern soll, was fehlt. Hindernisse führen dann zu Untätigkeit statt zu ihrer Beseitigung in Eigeninitiative.

Solche Mitarbeiter sind für eine Strukturstelle geeignet, aber keinesfalls für eine Ergebnisstelle. Auch von der Vermittlung in eine Führungsposition sollte grundsätzlich Abstand genommen werden. Der Aufwand einer Kompensation, beispielsweise durch ein Einzeltraining, steht nach meinen Erfahrungen in keinem zeitlichen und finanziellen Verhältnis zu einem möglichen Nutzen.

Stufe 3: Mitarbeiter, die erkannte Probleme auch lösen. Sie sind zum Beispiel in der Lage, technische Störungen an einem

Flugzeug zu beseitigen und vorher die Störungsursache ohne fremde Hilfe zu ermitteln. Es besteht die berechtigte Hoffnung, dass solche Mitarbeiter auch komplexere Probleme erkennen und lösen können.

Stufe 4: Mitarbeiter, die rechtzeitig die Differenz zwischen einem Soll- und einem Istzustand erkennen. Sie leiten rasch die notwendigen Maßnahmen ein und liefern nachhaltige Lösungen. Delegieren sie die Lösung eines Problems an Kollegen, so sind sie von deren Eignung überzeugt. Sie können die Fähigkeiten anderer richtig einschätzen und Resultate anhand festgelegter Kriterien kontrollieren.

Ein bestimmtes Problemlöseverhalten kann viele Ursachen haben und ist auch von äußeren Einflüssen abhängig. Trotzdem bleibt der einzelne Mitarbeiter für sein Verhalten verantwortlich. Leider nimmt es mancher mit dieser Verantwortung nicht so genau.

Der Einfluss von Interessenmotivationen

Ich möchte anhand einer weiteren Kombination zeigen, wie auch Motivationen massiven Einfluss auf die Leistungsfähigkeit eines Mitarbeiters haben können. Dabei ist nicht die Tätigkeits-Motivation gemeint, also jene Motivation, die uns antreibt, sondern die Interessens-Motivation, also jene Motivation, bei der wir unseren Fokus auf ein Interessensgebiet legen.

Bei der hier zu untersuchenden Interessenmotivation wird ein bestimmtes Interessengebiet anvisiert.
 Besonders zwei Interessenmotivationen, die insbesondere bei Führungskräften auftreten, sind unter bestimmten Umständen immer wieder Quellen von Ärgernissen.

> Auch eine Führungskraft kann ein Minderleister sein, auch sie kann als schwierig gelten. In einem Unternehmen betrifft das besonders das untere und mittlere Management.

Eine bestimmte Konstellation von Leistungswille und Führungswille kann zu Konflikten führen.

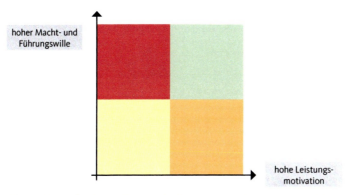

Abb. 10: Unterscheidung in Bezug auf Führungswille und Leistungsmotivation

Für eine Führungskraft förderlich ist eine Konstellation, bei der starker Leistungswille auf starken Führungswillen trifft.

Problematisch wird es, wenn der starke Führungswille fehlt. Eine Führungskraft tendiert dann in der Regel dazu, alles selbst zu erledigen. Sie arbeitet nicht *an ihrem Bereich*, sondern *in ihm*. Es fällt ihr schwer, Arbeit zu delegieren. Untergebene Mitarbeiter sind meist demotiviert, weil sie sich bevormundet fühlen und nutzlos vorkommen („Der Vorgesetzte macht ja sowieso alles selbst."). Das führt dazu, dass sich Abteilung oder Bereich nicht mehr weiterentwickeln.

Die Führungskraft kann die rasch zunehmende Arbeitsdichte nur bis zu einem bestimmten Punkt bewältigen. Sie arbeitet immer mehr, oft bis in die Nacht hinein und auch am Wochenende. Mit dem Mehr an Arbeit sinkt die Leistungsfähigkeit zwangsläufig, weil Erholungspausen fehlen. Sich häufende Fehler versucht die Führungskraft durch noch mehr Einsatz zu korrigieren und zu vermeiden. Am Ende steht oft der völlige Zusammenbruch der betroffenen Person.

Völlig deplatziert sind Führungskräfte, die weder großen Führungsanspruch noch deutlichen Leistungswillen besitzen. Menschen mit diesen Merkmalen schauen der wachsenden Arbeitsdichte zu, ohne etwas dagegen zu unternehmen.

Unangenehm und für das Arbeitsklima wenig förderlich ist auch eine Kombination, bei der ein starker Machtwille auf einen verkümmerten Leistungswillen trifft. Hier legt die Führungskraft hohe Maßstäbe an andere an und fordert eine entsprechende Leistung, doch fördert sie in der Regel Mitarbeiter und Umfeld nicht in notwendigem Maße. Der Extremfall ist eine Art Sklaventreiber, der nach Gutsherrenart über das Wohl und Wehe des Einzelnen entscheidet. Menschen mit dieser Ausprägung neigen dazu, von anderen stets zu fordern, ohne dass diese eine Chance haben, es „richtig" zu machen.

Kennzeichen dieser Art der Führung ist das Erzeugen von Angst. Dauerhaft motivierend ist diese für keinen Mitarbeiter. Nicht selten kommt es zu großen Spannungen zwischen Mannschaft und Führungskraft., Die Folgen sind eine „richtig schlechte Stimmung" im Betrieb, eine hohe Fluktuation, hohe Krankheitsstände – und letzten Endes ein schlechtes Betriebsergebnis.

Die genannten Beispiele zeigen im Überblick, dass Konstellationen bestimmter Persönlichkeitseigenschaften den Boden für Minderleistung oder schwieriges Verhalten im Unternehmen bereiten.

Der Einfluss von Einstellungen

Ein letztes Beispiel soll zeigen, dass Mitarbeiter zum Low Performer werden können, obwohl ihre Motivation, ihr Leistungswille, ihre Arbeitsmethodik und ihr Fachwissen hervorragende Ergebnisse versprechen und es ihnen weder an Ressourcen noch an Regelwissen und Kompetenzen fehlt. Allerdings ist ihre „Dienstbeflissenheit" stark ausgeprägt. Sie sehen ihren Chef als absolute Autorität, hinterfragen dessen Aufträge nicht, sondern führen sie sofort aus, obwohl ihnen noch viele Informationen fehlen.

Solch eine Einstellung mag dem einen oder anderen wünschenswert erscheinen. Sie ist aber nur dann erfolgreich, wenn Klarheit über die Aufgabe herrscht. Und genau hier liegt das Problem: Ein erkennbarer Mangel an begleitenden Informationen muss mindestens durch eine interpretationsfreie Zielvorgabe oder einen eindeutigen Routenplan ausgeglichen werden. Ist das nicht der Fall, „rennen" Mitarbeiter in eine Richtung los, obwohl sie Weg und Ziel höchstens erahnen. Das führt regelmäßig zu Missverständnissen und damit zur Enttäuschung des Vorgesetzten. Der Mitarbeiter, der es gut meint, aber nach Ansicht des Vorgesetzten nicht gut macht, hat nun ein schlechtes Image.

Die Leistungsfähigkeit des Mitarbeiters

Jeder Low Performer besitzt Eigenschaften, die seiner Leistungsfähigkeit im Weg stehen. Deren Anzahl und Kombinationen darzustellen, würde den Rahmen dieses Buches sprengen. Daher beschränke ich mich auf die drei dem Mitarbeiter zugeordneten Bereiche aus der bereits bekannten Formel „Einflussfaktoren auf die Leistung des Mitarbeiters" (vgl. Abb. 2 auf Seite 17).

Der gelbe Bereich der Formel enthält die Faktoren Motivation, Können und Antrieb. Die Kontroverse über die Verantwortlichkeit für diese Leistungsvoraussetzungen ist hier nicht zielführend. Meist sorgen Führungskraft und Mitarbeiter gemeinsam für bestimmte Konstellationen.

Abb. 11: Einflussfaktoren auf die Leistung des Mitarbeiters (gelber Bereich)

Leistungsmotivation und ihre Voraussetzungen

Anhand der Formel lässt sich rasch erkennen, dass Motivation als Wollen eine erhebliche Rolle für das Erbringen von Leistung spielt. Sie selbst ist aber ebenfalls von Einflussfaktoren abhängig.[6]

Die Motivation von innen

> Mitarbeiter nachhaltig von außen zu motivieren, ist kaum möglich. Der Wille, eine bestimmte Tätigkeit auszuüben, muss von innen kommen.

Werfen wir einen Blick auf die Beschäftigung in der Freizeit. Hier geht der Mensch seinem Hobby nach. Motivation ist dabei

---

[6] Teile aus diesem Kapitel wurden entnommen aus: Dobler, M. (2013). *Führungskompetenz beginnt mit Führungskommunikation: Essays zu Führungsthemen in der Wirtschaft*.

selbstverständlich, egal, ob es sich um Lesen, Radfahren, Klettern, Tauchen, Reiten, Bowlen oder etwas anderes handelt.

> Wenn jemand etwas gerne tut, wie und wozu soll man ihn zusätzlich motivieren?

Das ist ohne Weiteres auf die Arbeitswelt übertragbar: Übt ein Mitarbeiter eine Tätigkeit aus, die ihm Freude bereitet, ist er auch ausreichend motiviert. Eine Extramotivation ist überflüssig. Sie wäre sogar schädlich, denn sie würde Druck erzeugen.

> Unter Druck wird aus dem Wollen ein Müssen. Müssen tötet Wollen.

Diese Erkenntnis lässt sich folgendermaßen verdeutlichen:

1. Der Mitarbeiter übt eine Tätigkeit aus, die ihm liegt und bei deren Ausführung er Freude empfindet. Aufgabenstellung und Interessenslage decken sich weitgehend.

Abb. 12: Große Deckung Interessenslage/Aufgabenstellung

Wenn einem Mitarbeiter eine Tätigkeit liegt und er Spaß an ihr hat, *will er sie ausüben*. Er ist nicht zusätzlich motivierbar. In der Arbeitspsychologie nennt sich dieser Antrieb „intrinsische Motivation" (vgl. auch Rosenstiel, 1995). Jegliche Einflussnahme einer Führungskraft ist dann kontraproduktiv und (zer)stört

Motivation. Das kann geschehen, wenn dem Mitarbeiter eine Selbstverständlichkeit wie die Wertschätzung seiner Person oder seiner Tätigkeit verwehrt wird.

2. Der Mitarbeiter tut etwas, das ihm keine Freude bereitet. Er *muss* diese Tätigkeit ausüben. Sie wird zur Pflichtübung

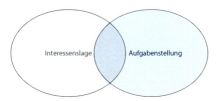

Abb. 13: Geringe Deckung Interessenslage/Aufgabenstellung

Der Mitarbeiter begreift rasch, dass sich der überwiegende Teil seiner Aufgaben nicht mit seinen Interessen und Neigungen deckt. Konsequent wäre nun aus seiner Sicht ein Gespräch mit dem Chef. Ziel wäre die Änderung seiner Aufgaben im Unternehmen. Ansonsten blieben ihm die Kündigung und der Antritt einer passenderen Stelle.

Bleiben Veränderungsverhandlungen aus, steigt der Frustpegel an. Die einen leiden still, die anderen laut. Dafür gibt es zahlreiche Gründe. Die einen glauben, sie seien von *diesem einen* Job abhängig, andere sind es tatsächlich, wieder andere sind schlicht zu bequem, die Mühen eines Bewerbungsmarathons auf sich zu nehmen. Manche hindert schlicht die Angst, den Arbeitgeber anzusprechen oder sich auf dem Arbeitsmarkt umzusehen.

> Fehlt dem Mitarbeiter die innere (intrinsische) Motivation, kann die Führungskraft lediglich versuchen, ihn von außen zu motivieren.

> Es entsteht eine Situation, in der ein Mitarbeiter vom Arbeitgeber ständig mehr Geld oder sonstige Zusatzleistungen fordert. Er fordert also, dass fehlende innere Motivation von außen kompensiert wird.

Die Motivation von außen

Äußere Motivation ist nur auf zwei Arten möglich:

1. über das Belohnungszentrum (vgl. auch Lehrer, 2009),
2. über das Angstzentrum.

Durch neuropsychologische Forschung erkannte man, dass diese beiden Zentren stets miteinander „konkurrieren".

> Beide haben den Nachteil, dass sie sich dem jeweiligen Reizniveau anpassen und somit die Reizschwelle stetig erhöhen.

Dieses Phänomen lässt sich an einem Beispiel verdeutlichen: Jemand betritt eine Backstube. Beim Betreten nimmt er den herrlichen Duft nach frischem Brot wahr. Diese Wahrnehmung schwindet nach und nach. Nach drei Minuten hat sich der Mensch an den Geruch gewöhnt und bemerkt ihn nicht mehr.

Nach Spitzer (2009) entsteht Glück durch Belohnung. Sie ist von einer Art Modul im Mittelhirn abhängig, das stets bewertet, ob etwas nach Plan läuft. Das Erwartete ist alltäglich. Was alltäglich ist, wird erwartet. Erst eine wohltuende Abweichung vom Erwarteten - ein außerordentliches Erlebnis also – löst Glücksgefühle aus. Wird die positive Abweichung zum Standard, gewöhnt man sich daran – die Reizschwelle wird höher.

Deshalb funktionieren Belohnungssysteme, egal welcher Art, nur kurzfristig. Jede Gehaltszulage wird nach kurzer Zeit zum Standard. Und der Standard wirkt nicht belohnend (Dobler, 2013).

Wie verhält es sich mit der Angst? Angst wird in der Psychologie mit einem beklemmenden, unangenehmen Gefühl beschrieben. Sie hat viele Gesichter. Dauernde Angst verliert mit der Zeit ihre Wirkung. Auch hier tritt ein Gewöhnungseffekt ein, wenn auch später als bei der Belohnung. Dieses Phänomen nutzt die Verhaltenstherapie bei der Desensibilisierung oder der Flooding-Methode.

Menschen, die unter einer dauerhaften Angst leben, akzeptieren diese früher oder später und gewöhnen sich an sie. Mit der Gewöhnung an die Angst nimmt auch ihr Druck- und Drohpotenzial ab. Führen durch Angst ist daher immer eine kurzsichtige Strategie.

Angst erzeugt „negativen Stress". Er vernichtet Leistungsfähigkeit, Kreativität, Ressourcen und Potenziale, weil Menschen ihm nicht dauerhaft standhalten können und krank werden.

> Mitarbeiter, die ständig in Angst leben, verbringen einen Großteil ihrer Zeit mit Vermeidung. Wer ständig vermeidet, kann seine Ressourcen nicht nutzen. Wer seine Ressourcen nicht nutzt, reduziert seine Leistung. Reduktion der Leistung kostet Geld.

Angst verringert Leistungsfähigkeit. Abnehmende Leistungsfähigkeit erzeugt neue Angst. Am Ende steht der Verlust des Mitarbeiters.

Was Motivation fördert, was sie zerstört

> Es gibt Faktoren, die Motivation fördern. Fehlen sie, wird Motivation zerstört.
>
> Die vorrangige Aufgabe von Führungskräften ist, De-Motivation zu vermeiden.

Doch welche Faktoren führen zu einem Verlust der Motivation, des Wollens? Ich habe die wichtigsten Faktoren hierarchisch aufgegliedert. Diese Hierarchie basiert auf den Erfahrungswerten meiner bisherigen Arbeit. Sie erhebt keinen Anspruch auf Vollständigkeit oder richtige Reihenfolge.

Abb. 14: Einflussfaktoren auf die Motivation, deren Fehlen zu einem Verlust der Motivation führt

Auf die nachfolgend beschriebenen Faktoren, die Motivation fördern oder zerstören, hat der Mitarbeiter selbst wenig Einfluss, weil sie fast immer von seinem Umfeld bestimmt werden. Insofern könnte das aktuelle Kapitel auch „Der Einfluss der Umwelt" heißen und eine eigene Rubrik beanspruchen. Doch in Verbindung mit der persönlichen Motivation steht auch hier der Mitarbeiter im Mittelpunkt, deshalb ist es hier am richtigen Ort.

Bedeutsamkeit

Die wichtigste Ursache von Demotivation am Arbeitsplatz ist die Zerstörung der Bedeutsamkeit der eigenen Tätigkeit. Diese Zerstörung kann unterschiedliche Formen annehmen. Grundlegend ist festzustellen: Fehlt einem Menschen die Bedeutsamkeit seiner Tätigkeit, empfindet er sie in aller Regel als sinnlos.

Menschen verhalten sich in den meisten Fällen zielorientiert und vermeiden sinnlose Arbeit. Wenn ein Mitarbeiter weiß, dass das Ergebnis seines Schaffens nicht verwendet wird, widmet er sich der entsprechenden Aufgabe kaum mit demselben Engagement wie einer anderen, die er für bedeutsam hält.

Als bedeutsam kann eine Arbeit empfunden werden, die anderen Menschen den Alltag erleichtert: die Herstellung einer wichtigen medizinischen Apparatur, eines beliebten Lebensmittels oder von Gebrauchsgegenständen. Gelingt es einem Vorgesetzten, seinem Mitarbeiter den Nutzen des hergestellten Produktes zu zeigen, wird dem Mitarbeiter auch der Nutzen seiner Tätigkeit klar. Er ist stolz auf seine Leistung und motiviert für die nächsten Aufgaben.

> Wenn der Mensch weiß, *wozu*, erträgt er fast immer das *Wie*.

Tätigkeitswirkungskette

Ein weiterer Motivationskiller ist eine nicht oder nur schwer erkennbare Tätigkeitswirkungskette.

> Menschen sind motiviert, wenn Ihre Handlungen Wirkung zeigen (Buchhester, 2012).

Demotivation und Frustration kommen dann zustande, wenn der Mitarbeiter nicht erkennen kann, welche Wirkung seine Arbeit hat oder deren Wirkung als neutral oder negativ bezeichnet wird. Deshalb ist eine deutlich sichtbare Tätigkeitswirkungskette so wichtig.

Sie ist sozusagen die kleine Schwester der Bedeutsamkeit und einer der Gründe, weshalb sich viele Menschen in der Schießkunst üben, bowlen oder Billard spielen. Hier bekommen sie das Ergebnis ihrer Leistung unmittelbar präsentiert.

Ein Mitarbeiter sollte sich selbst wiederholt fragen, wie seine Arbeit wirkt. Ihm sollte also die Wirkung seiner Arbeit bewusst sein. Das Qualitätsmanagement kann ihm die Bedeutung qualitativ hochwertiger Arbeit verdeutlichen. Das mag zeitaufwendig sein und Geld kosten. Doch sich die Zeit dafür zu sparen, ist wesentlich teurer.

Glaubwürdigkeit

Einer der Antriebe des Wollens ist Überzeugung. Eine der Voraussetzungen von Überzeugung ist Glaubwürdigkeit. Nur glaubwürdige Argumente werden akzeptiert.

Ist eine Führungskraft nicht glaubwürdig, werden ihre Argumente wertlos. Ist eine Führungskraft nicht glaubwürdig, überzeugt sie niemanden. Wenn sie niemanden überzeugt, folgt ihr auch niemand. Und wenn niemand ihr folgt, ist sie keine Führungskraft.

> Nur dem Glaubwürdigen folgt man auch.

Glaubwürdigkeit als Dreh- und Angelpunkt des Führens rückt die Frage nach ihrem Ursprung in den Vordergrund.

In meinen empirischen Erhebungen stellte ich die Frage umgekehrt: „Was macht eine Führungskraft unglaubwürdig?". Hier kristallisierten sich vier Faktoren heraus, die wiederholt genannt wurden.

Allerdings wird das „Prädikat Glaubwürdigkeit" von jedem Mitarbeiter individuell vergeben und basiert auf seiner ganz persönlichen Wahrnehmung.

1. Faktor: Tut nicht, was sie sagt

Wenn eine Führungskraft beim Mitarbeiter oft den Eindruck erzeugt, sich nicht an Vereinbarungen zu halten, Besprochenes zu ihren Gunsten umzuinterpretieren oder sich an eigene Grundsätze nicht zu halten, empfindet der Mitarbeiter sie als unglaubwürdig.

Leider verletzen bestimmte Führungskräfte regelmäßig eigene und öffentlich verkündete Grundsätze. Ich selbst habe auf Versammlungen Vorgesetzte erlebt, die der Belegschaft mit gewichtiger Miene erklärten, dass die finanzielle Lage weder die Zahlung von Gratifikationen noch von Weihnachtsgeld erlaube und man einen rigorosen Sparkurs einleiten müsse. Nach dieser Ankündigung fuhren sie vor den Augen der Belegschaft mit einem Neuwagen der Oberklasse (ab 100.000 Euro Anschaffungspreis) vom Hof. Eine inoffizielle Nachfrage in der Buchhaltung ergab, dass dieses neue Auto gerade vor zwei Wochen auf Firmenkosten angeschafft wurde. Es braucht nicht viel Fantasie, um sich vorzustellen, dass diese inoffizielle Information die Belegschaft stark irritierte. Eine solch unüberlegte Handlung wie diese führt nahezu zwangsläufig zu einer starken Beschädigung der Reputation einer Führungskraft.

2. *Faktor: Tut nicht, was sie soll*
Ob eine Führungskraft das Richtige tut, ist von Mitarbeitern oft schwer zu beurteilen. Damit offenbart sich jedoch ein grundsätzliches Problem: Nur wenige Mitarbeiter wissen genau, welche Aufgaben ihr Vorgesetzter oder der Geschäftsführer haben. Zahlreiche Führungskräfte halten eine kaum erklärbare Diskretion in Bezug auf ihre tatsächliche Tätigkeit für angebracht. Diese Intransparenz erzeugt regelmäßig Frust und bietet Raum für Spekulationen. Sie kann sogar ein Grund zu Entlassung eines Vorgesetzten sein.

Viele Führungskräfte können oder wollen nicht erklären, wie sie ihren Arbeitstag verbringen: Sie sind vor allem nicht in der Lage, zu erläutern, was sie tun *sollen*.

Führen kann nur, wer das Vertrauen der Geführten genießt. Doch wie soll bei Intransparenz Vertrauen wachsen? Wir haben zu Beginn festgestellt, dass eine der wichtigsten Aufgaben einer Führungskraft die Sicherung von Wertschöpfung ist. Wie sie diese Aufgabe erfüllt, bleibt oft unklar.

Führungskräfte sollen nicht die Arbeit ihrer Mitarbeiter erledigen. Das wissen diese genau. Sie fühlen sich für den jeweils übernommenen Auftrag persönlich verantwortlich. Delegieren heißt: Verantwortung abgeben. Doch das fällt Führungskräften schwer, die sich in die Arbeit ihrer Mitarbeiter einmischen. Alles andere als vertrauenerweckend sind auch Vorgesetzte, die sich offensichtlich in der Arbeitszeit um private Angelegenheiten kümmern oder sogenanntes Mikromanagement betreiben. Das steigert ihre Glaubwürdigkeit mit Sicherheit nicht.

Die Ursachen für solches Verhalten sind komplex. Immer wieder erfahre ich bei meiner Arbeit als Führungscoach, dass Führungskräfte ihre Aufgaben nicht konkret definieren können, aber sehr wohl ahnen, was sie zu tun haben. Dass sie nicht einmal dieser Ahnung folgen, liegt entweder daran, dass sie sich die tatsächliche Aufgabe nicht zutrauen oder aber wissen, dass sie scheitern würden. Deshalb entwickeln sie eine Vermeidungsstrategie und beschäftigen sich mit Dingen, die zwar nicht ihr Aufgabengebiet betreffen, ihnen jedoch das Gefühl geben, etwas zu beherrschen. Dieses Ausweichen ermöglicht ihnen jenes Erfolgserlebnis, das beim Versuch der Bewältigung ihrer tatsächlichen Aufgaben ausbleiben würde.

Um hier glaubwürdig zu werden, muss eine Führungskraft eigene Wege und Ziele festlegen und mitteilen. Eine solche Mitteilung hilft Mitarbeitern, die eigene Rolle und die des Vorgesetzten besser zu erkennen und einzuordnen.

3. Faktor: Kann nicht, was sie tut oder tut nicht, was sie kann
Viele Führungskräfte tun nicht das, was sie können, sondern das, was sie zu können glauben. Ist das der Fall, tritt an die Stelle der Vermeidungs- eine von Ehrgeiz getrieben Angriffsstrategie.

Wenn ein Mensch mehr will, als er kann, wirkt er rasch inkompetent. Inkompetenz erodiert die Glaubwürdigkeit in erheblichem Maße. Mangelnde Glaubwürdigkeit aber verhindert früher oder später Erfolge. Unangenehme Fragen können dann das erste Anzeichen einer Trennungsabsicht sein.

Hier hilft es der Führungskraft, sich die eigene Überforderung erst einmal selbst einzugestehen. Das ist kein einfacher Prozess und erfordert intensive Betreuung durch Vorgesetzte oder durch ein professionelles Coaching.

4. Faktor: Definiert nicht, was sie will und ist nicht konsequent
Definiert eine Führungskraft nicht genau, was sie von Mitarbeitern erwartet, kommt es zu zeitraubenden, entnervenden und teuren Missverständnissen. Unklare Aufgabenstellungen führen aus arbeitspsychologischer Sicht rasch zu Demotivation, Unsicherheit und nahezu zwangsläufig zu Konflikten. Eine Führungskraft, die unklare Anweisungen erteilt und diese häufig revidiert, verliert an Glaubwürdigkeit. Die betroffenen Mitar-

beiter folgen nur zögerlich oder gar nicht, denn die nächste Änderung kommt bestimmt.

Die meisten Mitarbeiter wünschen sich für eine erbrachte Leistung ein Feedback. Darauf verweist der Motivationsfaktor „Tätigkeitswirkung". Der Mensch arbeitet selten um der Arbeit willen. Er braucht eine Information darüber, welche Wirkung seine Arbeit hat. Wirkung zeigt sich in den Konsequenzen. Sie sind das wichtigste Feedback. Wird dieses Feedback durch die Führungskraft verweigert, indem eine Arbeitsleistung ohne Konsequenz bleibt, wird Motivation zerstört. Diese Verweigerung ist ein klares Zeichen der Geringschätzung. Mit jedem Feedback wird, unabhängig von seinem Inhalt, eine Wertschätzung ausgedrückt, denn die Führungskraft muss sich dafür Zeit nehmen.

Wodurch soll ein Mitarbeiter motiviert werden, wenn das, was er tut, ohne Konsequenzen bleibt? Wenn offensichtlich jede Normabweichung ignoriert wird und es egal ist, wie er arbeitet? Einige wenige werden einen eigenen Qualitätsanspruch noch eine Zeit lang aufrechterhalten. Aber Motivation hält nicht unbegrenzt, sie bedarf der „Pflege".

Besonders drastisch zeigt sich der Verlust an Glaubwürdigkeit, wenn ein Mitarbeiter eine zu erwartende Leistung übertrifft und keine positiven Konsequenzen erfährt. Warum soll er diese Leistung erneut bringen, wodurch soll er motiviert werden? Die Antwort liegt auf der Hand.

Betreibt eine Führungskraft ein solches „Egalmanagement", werden ihre Anweisungen unglaubwürdig, und damit sie selbst, in ihrer gesamten leitenden Funktion.

Wertschätzung

Einer der häufigsten Gründe, denen ich im Zusammenhang mit Demotivation begegnet bin, ist mangelnde Wertschätzung gegenüber dem Mitarbeiter oder seiner Arbeit. Es ist selbstverständlich, dass der Mitarbeiter die vereinbarte Leistung erbringt. Das steht in seinem Arbeitsvertrag, dafür wird er bezahlt. Doch zwischen dem Erbringen der vertraglich festgelegten Leistung und einer engagierten Leistungsabgabe besteht ein deutlicher Unterschied. Es ist nicht selbstverständlich, dass ein Mitarbeiter wochenlang Überstunden leistet, um einen Abgabetermin einzuhalten. Es ist nicht selbstverständlich, dass eine Mitarbeiterin die Arbeit einer kranken Kollegin über längere Zeit einfach miterledigt.

Aber es sollte eine Selbstverständlichkeit sein, dass der Vorgesetzte dies bemerkt und erwähnt. Ein wertschätzender Dank freut die meisten Mitarbeiter und motiviert sie spürbar. Wertschätzung heißt hier, die Leistung des Mitarbeiters zu schätzen. Es ist kontraproduktiv, einen nach eigener Aussage überlasteten Mitarbeiter mit dem Spruch abzufertigen: „So, wie Sie arbeiten, möchte ich Urlaub machen!" Alles andere als wertschätzend sind auch Kommentare wie: „Die Grünpflanzen in Ihrem Zimmer machen mehr Vertrieb als Sie!" oder „Das Pferd muss schwitzen, nicht der Reiter!". Sie unterstellen dem Adressaten pauschal mangelnde Leistungsbereitschaft.

Sicher gibt es Mitarbeiter, die wenig wertschöpfend arbeiten. Doch jede Minderleistung hat ihre Ursachen. Es ist deshalb immer sinnvoll, die einzelnen Einflussfaktoren für die Wertschöpfungsabgabe gemäß der Formel „Einflussfaktoren auf die Leistung des Mitarbeiters" (vgl. Abb. 2 auf Seite 17). zu untersuchen.

Teamklima

Viele der Coachees berichten mir, dass auch das Teamklima über ihre Leistungsfähigkeit entscheidet. Auf die Frage, was denn ein gutes Teamklima ausmache, antworten die meisten: gegenseitiges Vertrauen. Doch das Klima innerhalb eines Teams wird auch geprägt durch das Standing oder den Rang, den dieses Team im Unternehmen besitzt. Er ist maßgeblich vom Erfolg abhängig. Das Gefühl des gemeinsamen Erfolgs schweißt eine Gruppe zusammen wie kaum eine andere Kraft. Die Teammitglieder gehören dann einem „Wohlfühl-Erfolgsclub" an. Vor einigen Jahren habe ich folgende Grafik in Michael Löhners Buch „Führung neu denken" gesehen:

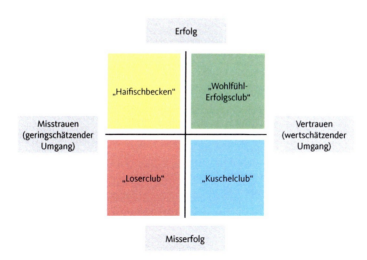

Abb. 15: Konstellationen des Teamklimas

Im „Haifischbecken" wird erfahrungsgemäß die Leistung für eine gewisse Zeit über dem Durchschnitt liegen. Der andauernde Leistungsdruck – ohne Vertrauen, ohne Verzeihen und ohne Wertschätzung – führt dazu, dass die Leistungsfähigkeit mittel- und langfristig drastisch abnimmt. Das geschieht, weil sich Mitarbeiter entweder an das vorhandene Drohpotenzial gewöhnen oder dem Druck nicht mehr standhalten können.

Besonders gering ist die Leistungsfähigkeit im „Loserclub" Hier gibt es weder Wertschätzung noch Vertrauen, dafür ein Pauschalgefühl des gemeinsamen Versagens.

Im Kuschelclub hat man zwar großes Vertrauen ineinander, jedoch keinen oder kaum gemeinsamen Erfolg.

Identifikation

Die Identifikation mit dem Unternehmen ist elementar. Entscheidend dafür ist der Stellenwert der eigenen Arbeit – und umgekehrt. Doch wie soll Identifikation stattfinden, wenn das Unternehmen alle zwei Jahre fusioniert oder den Eigentümer wechselt? Heute gehören wir zu XY, morgen zu YZ. Jede Fusion wird von der Hoffnung begleitet, Synergieeffekte zu nutzen und Marktanteile zu erlangen. Doch gehen Fusionen meist schneller vonstatten, als die Verarbeitungs- und Umstellungsmöglichkeiten der Mitarbeiter es zulassen. Die gesamten, angeblich zwangsläufigen Umstellungen werden in der Praxis oft sabotiert oder dauern deutlich länger als vorausgesagt.

Spätestens nach der zweiten kurzfristigen Fusion bremsen die meisten Mitarbeiter ihr Engagement, denn: „Wenn wir noch ein bisschen warten, kommt ja schon der neue Eigentümer." Auch hier wird der Wert der eigenen Arbeit plötzlich zweifelhaft.

Sicher gibt es auch Situationen, in denen die Belegschaft eine Fusion befürwortet. Dies ist häufig der Fall, wenn kleinere Unternehmen in Konzerne implementiert werden. Die Freude darüber wird häufig getragen von der Hoffnung auf eine sichere

Zukunft. Diese Zukunft hängt aber von der künftigen Rendite ab.

Die Identifikation mit den Produkten oder Dienstleistungen des Unternehmens entscheidet über die Bedeutung der eigenen Tätigkeit und damit über die Motivation. Ein eingefleischter Vegetarier wird es vermutlich schwer haben, sich mit McDonalds und Co. zu identifizieren, ebenso wird ein überzeugter Atomkraftgegner bei der Arbeit in einem AKW Probleme sehen.

Diese Überspitzungen zeigen anschaulich ein Grundproblem, das häufig während der Personalauswahl auftritt: Beim Bewerber wird die Nachhaltigkeit der Identifikation mit dem Produkt oder dem Unternehmen kaum geprüft. Gerade Konzerne verfallen schnell dem Glauben, dass jeder potenzielle Mitarbeiter seine Karriere unbedingt bei ihnen starten oder weiterführen möchte. Mitarbeiter bemerken aber möglicherweise erst später, dass sie sich mit Produkt und Firma nicht ausreichend identifizieren können. Die Folge ist eine Erschütterung der selbstherrlichen konzerneigenen Überzeugung durch Fluktuation. Selbstherrlichkeit wird in einer bestimmten Unternehmenskultur sichtbar, die viele Mitarbeiter als unerträglich beschreiben.

Geld

Das Thema Geld wurde bereits im Abschnitt „Die Motivation von außen" auf Seite 49 erläutert, daher verzichte ich an dieser Stelle auf ein Rekapitulieren der Inhalte.

Dreiklang der Organisation

Eine Ursache für schlechte Leistungen bei Ergebnisstellen ist die unangemessene Streuung von Verantwortung, Aufgabe und Entscheidungskompetenz. Dreiklang der Organisation bedeu-

tet, dass diese Faktoren in einer Hand gebündelt sind. In der Praxis sieht das oft anders aus:
Der eine hat eine Aufgabe, aber keine Verantwortung. Der andere besitzt Verantwortung, aber keine Entscheidungskompetenz. Nun muss er als Einflussloser den „Kopf hinhalten". Große Leistungsbereitschaft und Motivation ist so nicht zu erwarten.

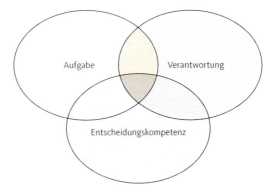

Abb. 16: Dreiklang der Organisation

Die Fähigkeiten des Mitarbeiters

Einstellung, Motivation und Eigenschaften eines Mitarbeiters müssen zum Unternehmen passen. Aber das reicht nicht aus. Auch methodische und soziale Kompetenzen sind unbedingt erforderlich.

Methodische Kompetenz

Fachwissen allein ist wertlos, wenn die richtige Methode seiner Anwendung fehlt. Unter Methode ist eine effektive und effiziente Vorgehensweise zu verstehen.

Mitarbeiter scheitern methodisch aus zwei Gründen:

1. Sie sind nicht in der Lage, den Überblick über die vorhandenen, anstehenden oder laufenden Aufträge zu behalten und können deshalb die daraus resultierende Arbeitsdichte nicht einschätzen. Ohne diesen Überblick können sie keine Prioritäten setzen. Sie verlieren sich im Detail oder bearbeiten alles Neue sofort, ohne Gewichtung. Kein Auftrag wird abgeschlossen: „Alles bleibt liegen."

2. Sie können sich nur schwer auf eine Aufgabe konzentrieren und lassen sich gern und häufig ablenken. Das erhöht die Fehlerquote enorm und führt zum selben Effekt wie dem oben genannten: die Aufträge „bleiben liegen".

Können Mitarbeiter sich nicht konzentrieren und eine Aufgabe nicht überblicken, werden sie scheitern, insbesondere als Inhaber von Ergebnisstellen.

Methodische Kompetenz nützt jedoch nichts, wenn sie nicht situativ angewendet wird (Performanz[7]).

Soziale Kompetenz

Die meisten Mitarbeiter sind heute nicht mehr allein tätig, sondern im Team. Deshalb müssen sie fähig sein, sozial so zu handeln, dass vorhandene Energien nicht auf der Beziehungsebene verbraucht, sondern auf der Sachebene genutzt werden (siehe folgende Abbildung).

---

[7] Unter Performanz versteht man die situativ gezeigte Leistung und damit das situativ angewendete Wissen.

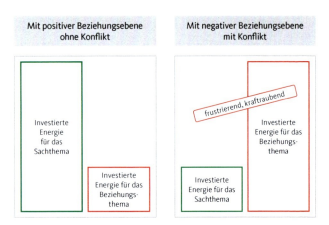

Abb. 17: Investierte Energie auf der Sach- bzw. Beziehungsebene

Arbeiten Mitarbeiter im Team, muss also ein Mindestmaß an sozialer Kompetenz vorhanden sein.

Doch soziale Fähigkeiten sind sehr komplex, weil hunderte von zwischenmenschlichen Informationen verarbeitet werden müssen, um adäquate Reaktionen hervorzurufen. Das setzt ein hohes Empathievermögen voraus und bedarf einer effektiven Kommunikation. Um effektiv (also erfolgreich) zu kommunizieren, müssen bestimmte Kommunikationstechniken und -instrumente beherrscht werden.

Vier Erfolgsfaktoren sind für erfolgreiche Kommunikation nötig:

1. aktive Aufmerksamkeit,
2. Klarheit,
3. Akzeptanz,
4. Anpassung.

Wie komplex Kommunikation ist, zeigt die Abbildung 6.A auf Seite 90 aus meinem Werk „Die 4 Erfolgsfaktoren einer beruflich geführten Kommunikation: Eine Theorie von Markus Dobler".[8]

> Viele Menschen kennen weder die Erfolgsfaktoren erfolgreicher Kommunikation, noch beherrschen sie diese. Sie kommunizieren in überkommenen Mustern und scheitern stets in denselben Situationen.

So wollen viele in einer Diskussion nur die eigene Position beweisen. Sie berauben sich damit der Möglichkeit, eine andere Sicht kennenzulernen, und verwechseln Akzeptanz mit Zustimmung. Sie kämpfen, statt zu kommunizieren.

Viele Menschen sind nicht in der Lage, sich an die Fähigkeiten, die aktuelle Stimmung oder den Wissensstand ihres Gesprächspartners anzupassen. Sie können sich nicht auf die jeweiligen Kommunikationsmuster einstellen.

Allerdings habe ich bislang noch keinen Menschen getroffen, der die genannten Erfolgsfaktoren in jeder Situation berücksichtigt – mich eingeschlossen. Dennoch ist ihre ständige Anwendung erstrebenswert. Unnötige Konflikte werden vermieden, eine mögliche, kostenintensive Vernichtung von Ressourcen wird verhindert.

---

[8] Dobler, M. (2006). *Die vier Erfolgsfaktoren einer beruflich geführten Kommunikation: Eine Theorie von Markus Dobler.*

Vorläufiges Resümee

> Mehr noch als (Fach-)Wissen und Fähigkeiten/Fertigkeiten bestimmen die Einstellungen und Werte sowie die Eigenschaften und Motivationen eines Mitarbeiters dessen Entwicklung im Unternehmen. Treffen ungünstige Merkmalkonstellationen auf entsprechende Unternehmensbedingungen, ist ein schwieriger Mitarbeiter oder ein Minderleister vorprogrammiert.

Abb. 18: Einflussfaktoren auf die Entwicklung im Unternehmen auf Seiten des Mitarbeiters

Ich empfehle, diese „Risiken und Nebenwirkungen" vor Einstellung oder Beförderung eines Mitarbeiters zu ermitteln. Ein externes oder internes professionelles Auswahlverfahren gewährleistet hier ein zuverlässiges Ergebnis.

Teil 2

Lösungsansätze

Lösungsansätze

Die Erörterung der Ursachen zeigte eine deutliche Korrelation zwischen der Schlecht- bzw. Minderleistung eines Mitarbeiters und seinem Umfeld und den Einfluss der Umwelt auf seinen „Schwierigkeitsgrad". Es liegt deshalb nahe, Lösungsansätze zunächst im Umfeld des Mitarbeiters zu suchen.

Viele unserer Klienten wollen sich von einem bestimmten Mitarbeiter schnellstmöglich trennen, ohne die Frage zu klären, weshalb dieser zum Minder- oder Schlechtleister wurde.

Deshalb noch einmal zur Erinnerung: Kaum ein Mitarbeiter war von Anfang an ein Low Performer. Irgendetwas muss nach dem anfänglichen „Herzlich Willkommen an Bord" seine Verwandlung zum Low Performer oder schwierigen Mitarbeiter ausgelöst haben.

Und ebenfalls zur Erinnerung: Mindestens zwei Drittel aller Voraussetzungen dieser Verwandlung hat der Arbeitgeber zu verantworten.

Diese beiden Feststellungen reduzieren die Hoffnung auf Besserung der Lage durch einen neuen Mitarbeiter stark.

Der „Neue" trifft wieder auf dieselben Bedingungen wie sein Vorgänger und muss sich mit denselben Führungskräften und deren Art auseinandersetzen. Hier gilt der Hinweis des Fachanwalts für Arbeitsrecht Pascal Croset:

> Auch ein neuer Mitarbeiter bringt Probleme mit, die Sie eben nur noch nicht kennen.

Vor diesem Hintergrund ist es ratsam, die folgende bewährte Strategie umzusetzen.

Die schrittweise Änderung des Umfelds

Kritische Reflexion der Situation

Der erste Schritt zur Veränderung sollte stets die Reflexion der aktuellen Lage sein. Zunächst muss tatsächlich festgestellt werden, dass ein bestimmter Mitarbeiter schwierig oder ein Minderleister ist. Das mag banal klingen, aber meine Erfahrung zeigt, dass ein Vorgesetzter oft zu folgenden Reaktionen neigt:

1. Er redet sich die Situation schön, insbesondere dann, wenn er an der Einstellung des betreffenden Mitarbeiters beteiligt war. Das Urteil „Minderleister" entsteht meist schubweise: Zunächst liefert der Mitarbeiter ein schlechtes Ergebnis oder ist sogar für eine kleine „Katastrophe" verantwortlich. Sein Vorgesetzter droht daraufhin Sanktionen an. Danach tritt Ruhe ein und der Arbeitsalltag stimmt versöhnlich – bis zum nächsten Vorkommnis. In den Ruhephasen wird das Thema meist bagatellisiert.

2. Er beklagt sich ständig über den betreffenden Mitarbeiter, ohne die Bezeichnung „Minderleister" zu verwenden. Sei es, weil er diesen Begriff nicht kennt oder weil dieser durch die Unternehmenskultur tabuisiert ist.

> Führungskräfte und Vorgesetzte beklagen eine Situation, die sie nicht konsequent ändern wollen. Der erste Schritt liegt in der Akzeptanz der Tatsachen und im Willen, sie zu ändern.

Wenn eine Führungskraft einen schwierigen Mitarbeiter oder Low Performer erkennt, muss sie diese Erkenntnis ihrem nächsthöheren Vorgesetzten mitteilen. Nur wenn dieser weitere Maßnahmen unterstützt, haben sie Aussicht auf Erfolg.

> Völlig chancenlos sind Maßnahmen gegen Low Performer oder schwierige Mitarbeiter, wenn einer der Vorgesetzten innerhalb der Hierarchie eine der Maßnahmen angreift oder gar aufhebt.

Die Kollegen des betreffenden Mitarbeiters dürfen unter keinen Umständen über die Auffassung der Führung informiert werden – hier besteht die akute Gefahr von Mobbing! Betriebsrat und Personalabteilung sollten aber in jedem Fall einbezogen werden. Sie sind wichtige Verbündete sowohl des Mitarbeiters als auch der Führung und sollten über einzelne Schritte regelmäßig in Kenntnis gesetzt werden.

Das Verhältnis von Personalabteilung und Betriebsrat ist nicht immer harmonisch. Dennoch ist es unumgänglich, dass sich alle wichtigen Akteure eines Unternehmens in dieser Sache verständigen. Letztlich ist es ein Vertrauensbeweis, den Betriebsrat mit „ins Boot zu holen". Im Übrigen habe ich oft erlebt, dass der Betriebsrat höchstpersönlich die Initiative ergriff und Sanktionen forderte, weil von der Minderleistung des entsprechenden Mitarbeiters auch andere betroffen waren.

> Für den Erfolg der folgenden Maßnahmen ist es von großer Bedeutung, dass alle beteiligten Parteien an einem Strang ziehen – und zwar in dieselbe Richtung!

Ursachen aus dem Umfeld prüfen

Der nächste wichtige Schritt ist die kritische Reflexion möglicher Ursachen.

Wie wir festgestellt haben, entsteht eine bestimmte Situation nicht einfach so. Es gibt mehrere Einflussfaktoren und mindestens zwei Beteiligte, nämlich das Umfeld mit seinen Regeln, seiner Kultur, seinen Führungskräften und den oder die Mitarbeiter selbst.

> Bei der Suche nach Ursachen mit dem Finger nur auf den Mitarbeiter zu zeigen, reicht nicht. Noch einmal: Über zwei Drittel der möglichen Ursachen sind im Umfeld zu finden.

Bei der weiteren Erörterung ist erneut die oben beschriebenen Formel hilfreich:

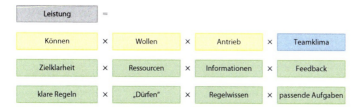

Abb. 19: Einflussfaktoren auf die Leistung des Mitarbeiters

Dabei ist es sinnvoll, jeden Einflussfaktor einzeln kritisch zu beleuchten. Es hat sich bewährt, mit den grünen Faktoren, also jenen, die das Umfeld betreffen, zu beginnen.

Abgesehen von ihrer Existenz muss auch ihre Qualität geprüft werden. Das gelingt nur im Dialog mit allen Beteiligten.

Und noch einmal zur Erinnerung: Jeder Schlecht- bzw. Minderleister und jeder schwierige Mitarbeiter ist auch ein Hinweis auf mangelnde Führungskompetenz!

Führungskräfte sind in aller Regel fest davon überzeugt, klare Anweisungen zu geben. Sie wissen angeblich genau, was sie vom Mitarbeiter „wollen" und wie sie es bekommen. Ihre „Bestellungen" geben sie demzufolge interpretationsfrei auf. Fragt man die von den Anweisungen betroffenen Mitarbeiter, zeigt sich ein anderes Bild.

Deren Befragung kann auch unabhängig von einer konkreten Ursachenforschung stattfinden. Sie wird dennoch interessant, hilfreich und sogar heilsam sein. Bei solch einer Gelegenheit wurden auch mir meine Reserven deutlich. Ich war vorher stets der Überzeugung, als erfahrene Führungskraft klare Bestellungen aufzugeben. Die Antworten meiner Mitarbeiter widerlegten meine Auffassung.

Die Anzahl der Fehler im Arbeitsergebnis eines Mitarbeiters kann einen Hinweis auf unklare Bestellung liefern. Diese Fehler können durch ein Missverständnis entstanden sein: Der Mitarbeiter *glaubte* nur zu wissen, was sein Vorgesetzter wollte – aber er wusste es nicht. Das Ergebnis entsprach dieser Unklarheit.

Auch die Art des Feedbacks kommt als Ursache für eine Schlecht- oder Minderleistung in Frage. Hier ist ebenfalls eine Mitarbeiterbefragung das Mittel der Wahl.

> Mitarbeiterbefragungen sind in der Praxis jedoch häufig zu komplex, enthalten unverständliche Fragen oder besitzen geringe Aussagekraft.

Es hat sich bewährt, Mitarbeiterbefragungen themenbezogen und in Etappen durchzuführen. Einige meiner Kunden haben mit meiner Hilfe fünf bis sieben aussagekräftige Fragen auf einem DIN-A4-Bogen zusammengestellt und diese auf konkrete Themen wie Führungskommunikation, Kundenumgang, Ressourcen oder Teamklima bezogen. Jedes Thema wird einmal im Monat oder Quartal für eine Befragung verwendet.

Die Bereitschaft, den entsprechenden Fragebogen auszufüllen, ist, im Gegensatz zu EDV-gestützten „Monsterbefragungen", sehr hoch: Die DIN-A4-Seite ist übersichtlich, enthält nur ein Thema und das Ausfüllen dauert nur drei bis fünf Minuten. Auswertung und Darstellung der Ergebnisse können sehr zügig erfolgen und nehmen zum Teil weniger Zeit in Anspruch als EDV-gestützte Verfahren.

Die Verwunderung darüber, eine solche Befragung in Papierform durchzuführen, ist im Zeitalter der Elektronik verständlich. Doch es geht darum, belastbare Ergebnisse zu erhalten, und da sollte man das System dem Ziel anpassen und nicht die Maßnahme einem Trend. Aber selbst wenn sich ein Unternehmen für die elektronische Variante entscheidet, empfehle ich eine themenbezogene Befragung mit maximal sieben *leicht verständlichen* Fragen.

Klare Worte an die Betroffenen

Um einen Neuanfang zu ermöglichen, ist es notwendig, den kritisch beurteilten Mitarbeiter zu informieren. Er muss wissen, wie er von seinen Vorgesetzten eingeschätzt wird und was sie künftig von ihm erwarten.

Der nächste Schritt ist also der „Moment der klaren Worte": Der Vorgesetzte teilt dem Mitarbeiter mit, dass er als schwieriger Mitarbeiter, als Minder- oder gar Schlechtleister wahrgenommen wird.

Direkt oder lieber durch die Blume?

Doch wie soll man einen Mitarbeiter mit einem negativen Urteil konfrontieren? Direkt oder indirekt, drastisch oder schonend?

Viele Vorgesetzte sind Verfechter der indirekten Methode. Sie versuchen, das Unangenehme schonend zu verpacken, die Botschaft „durch die Blume zu sagen". Nie üben Sie offen Kritik, sondern verlassen sich auf ihr vermeintliches diplomatisches Geschick. Ihre diffusen Andeutungen sollen den Empfänger die eigentliche Botschaft indirekt erkennen lassen. Diese Vorgesetzten verwechseln Diplomatie[9] und Wertschätzung.

Von mir durchgeführte Coachings zeigen, dass die eigentliche Motivation für ein solches Verhalten aber darin besteht, den anderen nicht zu verletzen und das Teamklima nicht zu gefährden. Dahinter, so berichten mir die Coachees, steht immer die Angst, nach einem solchen Gespräch nicht mehr gemocht zu werden oder als zu hart zu gelten. Diese Angst vor Akzeptanzverlust lässt Vorgesetzte „herumeiern". Das ist Vermeidungsverhalten und zeigt sich besonders dann, wenn die Führungskraft vorher Kollege war. Dennoch glauben viele Führungskräfte ernsthaft, dem Mitarbeiter reinen Wein eingeschenkt zu haben. Der Betreffende weiß allerdings nichts davon und ist sogar im Gegenteil davon überzeugt, unentbehrlich zu sein. Doch wie ist so etwas möglich?

Ich kenne Unternehmen, bei denen es sogar Maxime ist, keine offene Kritik zu üben und Unangenehmes niemals direkt zu sagen. Stattdessen wird versucht, den Mitarbeiter durch (manipulative) Fragetechniken den Missstand selbst erkennen zu lassen.
Befragungen der Belegschaft ergaben regelmäßig, dass die meisten Mitarbeiter diese Art als unangenehm empfinden. Die Führung erreicht damit also genau das Gegenteil des Beabsichtigten. Bei einigen Mitarbeitern wuchsen nach einem solchen Gespräch Angst und Unsicherheit. Sie misstrauten nun sogar

---

[9] Diplomatie kommt aus dem Griechischen und bedeutet ursprünglich Verhandlungskunst. Im Volksmund versteht man unter Diplomatie auch, etwas höflicher zu sagen, als man es meint.

den positiven Gesprächsinhalten. Andere wiederum empfanden solche Gespräche als durchgehend positiv und sahen im Anschluss keinen Anlass zur Verhaltensänderung.

Die indirekte Art, Unangenehmes mitzuteilen oder Kritik zu üben, ist demnach nicht zu empfehlen. Das primäre Ziel einer Botschaft ist nämlich, dass sie ankommt.

In einigen Unternehmen habe ich auch das vollständige Gegenteil von indirekter Vermittlung erlebt. Unangenehmes wurde hier zwar klar und offen, doch ohne Wertschätzung geäußert. Es wurde gebrüllt und beleidigt und am Ende stand die Kündigung. Die Unzufriedenheit des Vorgesetzten wurde rasch deutlich. Mitarbeiter versuchten, schnell zu reagieren und ihr kritisiertes Verhalten zu ändern. Doch es herrschte ein Klima der Angst, und Angst erzeugt Druck. Angst führt nur kurzzeitig zu einer Leistungssteigerung. Danach fällt die Leistung entweder bis auf den Nullpunkt oder der Geängstigte verlässt die Quelle der Angst. Letzteres war meist der Fall: Die Mitarbeiter verließen reihenweise das Unternehmen. Die hohe Fluktuation verursachte hohe Kosten.

Dauert eine Fluktuation an, leidet der Ruf des Unternehmens erheblich. Auch in Konjunkturzeiten sind dann neue Mitarbeiter nicht in Sicht.

Diese direkte Art der Mitteilung ohne wertschätzenden Inhalt ist also höchstens kurzfristig erfolgreich und hat einen hohen Preis.

In diesem Zusammenhang ist Folgendes zu berücksichtigen: Der Unterschied zwischen der Äußerung von Kritik und dem Mitteilen einer unangenehmen Botschaft besteht darin, dass letzteres keine Verhaltensveränderungen mehr erreichen soll, sondern den Empfänger vor vollendete Tatsachen stellt.

Insgesamt ist die Frage, wie man unangenehme Botschaften richtig überbringt, auch Bestandteil der Führungskräfteentwicklung und wird dort gern kontrovers diskutiert.

Vier Fakten sind erkennbar:

> 1. Wenn die Botschaft beim Empfänger ankommen soll, muss sie klar sein. Umschreibungen verstehen nur Eingeweihte.

Selbst wenn Grundsätzliches verstanden wird, besteht bei einer Sprache der Andeutung die Gefahr von Irritationen, Missverständnissen und ratlosen Mitarbeitern.

> 2. Klare Botschaften kann man nur auf Kosten ihrer Klarheit schonend verpacken.
>
> 3. „Schonende Verpackungen" sind nicht wertschätzend.

Die „schonenden Verpackungen" unterstellen dem Gesprächspartner, dass er den eigentlichen Inhalt nicht verträgt. Das Erzeugen von Irritation und Ratlosigkeit ist nicht wertschätzend. Es nimmt billigend einen tagelang grübelnden Mitarbeiter in Kauf, der anschließend vielleicht völlig falsch handelt.

> 4. Im Grunde ist das Verpacken von Unangenehmem nutzlos: Nach dem Öffnen der schönen Verpackung wird der hässliche Inhalt ohnehin sichtbar.

Man kann eine Kündigung nicht schonend verpacken. Der Fakt fordert früher oder später sein Recht. Dann sind alle weiteren Erklärungen ohnehin sinnlos.

Unangenehmes mitzuteilen ist für niemanden einfach, aber besonders Führungskräfte sind damit öfter konfrontiert. Wer hier das notwendige Fingerspitzengefühl besitzt, ist im Vorteil. Darüber hinaus gibt es aber eine Technik der Mitteilung, die sich erlernen lässt und bewährt hat. Ich zeige im nächsten Kapitel eine Methodik, mit der man eine unangenehme Botschaft mit Hilfe von Visualisierung einfacher übermitteln kann.

Kritik visualisieren

Bei einem Kritikgespräch besteht die Hauptgefahr darin, dass Kritiker und Kritisierte auf Nebenkriegsschauplätze ausweichen oder sich in Beispielen verlieren.

> Nennen Sie, wenn irgend möglich, keine Beispiele, denn dann neigt der Kritisierte dazu, zu „beweisen", dass es sich bei den Beispielen um Sonderfälle und Ausnahmen handelt.

Stellen Sie Fakten und die eigene Einschätzung in den Vordergrund. Lehnen Sie es ab, Beispiele zu diskutieren, denn jedes Beispiel kann zur Ausnahme erklärt werden. Sollte sich das Nennen von Beispielen nicht verhindern lassen, achten Sie auf die genannte Gefahr der Umdeutung. Verwenden Sie eine tatsächliche Umdeutung als Argument für Ihren Standpunkt.

Vielen Kritikgesprächen fehlt ein Ankerpunkt zur Orientierung. Hier hilft eine Visualisierung, denn die meisten Menschen denken in Bildern.

Jeder Begriff ruft in der Regel ein Bild hervor. Jedes Ereignis, jede Botschaft und damit auch jede Kritik versuchen wir bildhaft in unser Werte- und Normensystem einzuordnen.

> Die Reaktionen auf Kritik reichen von Zurückhaltung bis Wut. Bilder kanalisieren diese Reaktionen.

Wie die Grafik auf Seite 41 (Abb. 9) zeigte, kann man relevante Eigenschaften und Fähigkeiten in dieser Form darstellen. Soll zum Beispiel in einem Gespräch das Problemlöseverhalten eines Mitarbeiters thematisiert werden, kann sein Vorgesetzter ihn bitten, sich anhand der genannten Grafik selbst einzuschätzen.

Der Mitarbeiter soll mit einem Kreuz die Stelle kennzeichnen, an der er sich selbst einordnet. Anschließend kennzeichnet der Vorgesetzte die Stelle, an der er den Mitarbeiter sieht. Dabei ergibt sich aus der Anordnung der Positionen der nötige Diskussionsstoff.

Abb. 20: Unterscheidung in Bezug auf das Problemlöseverhalten mit Markierungen durch Mitarbeiter und Vorgesetzten

Schätzt sich der Mitarbeiter aus Sicht des Vorgesetzten falsch ein, kann dieser sagen:

„*Das ist genau unser Thema. Denn ich schätze Sie wie folgt ein ... und würde das Kreuz an folgende Stelle setzen ... Über genau diese Differenz unserer beiden Sichtweisen wollen wir heute sprechen.*"

Setzt der Mitarbeiter sein Kreuz an eine Stelle, die der Sichtweise des Vorgesetzten entspricht, äußert dieser:

„*Sehen Sie, Frau Zahn, das ist unser Thema. Ich schätze Sie auch so ein. Wir wünschen uns jedoch, dass Sie sich hier (im für das Unternehmen grünen Bereich) befinden. Und genau darüber wollen wir heute sprechen.*"

Diese Methode ist zusammen mit jeder beliebigen Grafik anwendbar, wie das nächste Beispiel zeigt.

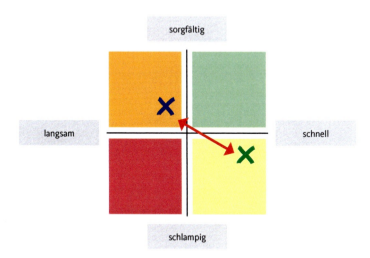

Abb. 21: Zusammenhang zwischen Qualität und Arbeitsgeschwindigkeit

Hier geht es um den Zusammenhang zwischen Qualität und Arbeitsgeschwindigkeit. Das grüne Feld symbolisiert ideale Mitarbeiter, die schnell hohe Qualität liefern. Das orange Feld stellt Mitarbeiter dar, die zur Lieferung hoher Qualität viel Zeit brauchen. Das gelbe Feld ist Mitarbeitern zugeordnet, die schnell und schlampig arbeiten. Und das rote Feld kennzeichnet Mitarbeiter, die langsam arbeiten und minderwertige Ergebnisse erzielen.

Auch hier kann der Vorgesetzte den Mitarbeiter wieder bitten, sich selbst einzuschätzen, und auch hier können beide anschließend über eine etwaige Diskrepanz der Verortungen diskutieren.

Durch Visualisierung der Kritik oder der unangenehmen Botschaft entstehen zwei Effekte:

1. Beide Gesprächspartner bleiben während des Gesprächs thematisch und visuell an die Grafik gebunden. So wird das Risiko des Abgleitens in Nebensächlichkeiten erheblich verringert.

2. Die visuelle Darstellung wirkt beim Mitarbeiter als Empfänger der Botschaft nachhaltig. Auch nach dem Gespräch bleibt dessen Botschaft erhalten und Nebensächliches ist ausgeblendet. Der Kritisierte kann sich einen angestrebten Sollzustand bildlich vorstellen.

Auch diese Methode hat ihre Vor- und Nachteile und ist nicht für jeden Mitarbeiter oder jeden Vorgesetzten geeignet. Inwieweit sie Anwendung findet, muss anhand der konkreten Situation beurteilt werden. Jene Führungskräfte, die sie nutzen, berichteten mir von konstruktiven Gesprächen.

Ursachenforschung beim Mitarbeiter

Nach einem klärenden Gespräch müssen die Ursachen für Kritik auch beim Mitarbeiter gesucht werden.

> Auch persönliche Gründe verhindern den Aufstieg eines Mitarbeiters zum High Performer. Diese Gründe müssen in Gesprächen identifiziert werden.

In solchen Gesprächen könnte der Mitarbeiter anhand der Formel „Einflussfaktoren auf die Leistung des Mitarbeiters" fehlende Faktoren benennen und Verbesserungsvorschläge unterbreiten. Der Vorgesetzte sollte hier genau zuhören und etwaige Vorschläge ernst nehmen.

Bei einem bereits stark belasteten Verhältnis zwischen Mitarbeiter und Führungskraft sollte ein sachkundiger Vermittler von außen hinzugezogen werden. Dessen Anwesenheit verhindert ein unproduktives Abgleiten des Gesprächs oder sogar größeren Schaden.

Als Ergebnis ergab sich oft die mangelnde Eignung des betreffenden Mitarbeiters für eine bestimmte Stelle – hier passt das Bild des Torwarts als Stürmer. Bereits eine Anpassung seiner Aufgaben sorgte unmittelbar für Besserung. Oft wurde der Mitarbeiter mit neuen Aufgaben oder in einem anderen Umfeld plötzlich zum High Performer. Häufig genügte sogar eine Weiterbildung in den gängigen Office-Programmen. In manchen Fällen führten allerdings auch private Probleme zu einem Leistungsabfall.

Manchmal hatte der Mitarbeiter von sich aus oder der Vorgesetzte dem Mitarbeiter bereits innerlich gekündigt. Das kann aber häufig nur ein erfahrener externer Coach in Einzelgesprächen herausfinden.

> Die Ursachen für ein negatives Urteil über einen Mitarbeiter sind vielfältig. Finden kann man sie nur durch gemeinsame Gespräche.

Das konstruktive Gespräch

Ein weiterer Schritt zur Klärung ist das konstruktive Gespräch. Konstruktiv heißt: Am Ende steht eine gemeinsam entwickelte, tragfähige Lösung. Hier zählt nur der Erfolg beider Parteien.

Ich möchte Ihnen dazu zwei bewährte Methoden vorstellen:

Die XY-Entscheidungsfrage

Ausgangspunkt ist ein Konflikt, deshalb spreche ich hier bewusst von Konfliktparteien. Mindestens eine Partei hat ein gravierendes Problem festgestellt und das der anderen Partei mitgeteilt. Nun müssen beide über den weiteren Weg entscheiden.

Als Konfliktmoderator verwende ich oft ein Instrument, das ich mit Hilfe der Erfahrungen vieler solcher Moderationen entwickelt habe: die XY-Entscheidungsfrage.

Die Situation ist folgende: Beide Parteien befinden sich an einem Punkt, an dem eine weitere Zusammenarbeit unter den bisherigen Voraussetzungen schwierig erscheint. Jede der Parteien erkennt andere Ursachen für die Schwierigkeiten.

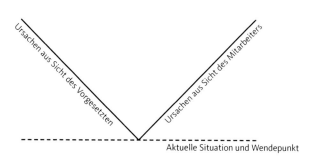

Abb. 22: XY-Entscheidungsfrage – verschiedene Sichtweisen in Bezug auf die Ursachen

Entscheidend ist nun, wie es weitergehen soll. Es gibt zwei Möglichkeiten:

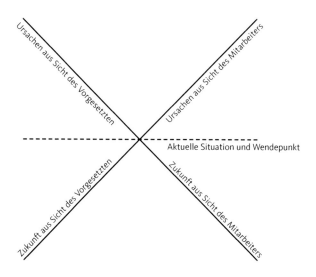

Abb. 23: XY-Entscheidungsfrage – verschiedene Sichtweisen in Bezug auf die Ursachen und die Zukunft

1. Die Vorstellungen über die Zukunft sind ebenso gegensätzlich wie die Erkenntnisse zu den Ursachen. In diesem Fall entsteht grafisch ein X und es besteht keine Hoffnung auf einen gemeinsamen Weg. Eine Trennung erscheint unausweichlich (Abb. 23).

2. Die Vorstellungen über die Zukunft sind einander ähnlich oder sogar deckungsgleich. Grafisch entsteht ein Y. Nun muss ein konstruktiver gemeinsamer Weg der Umsetzung gefunden werden (Abb. 24).

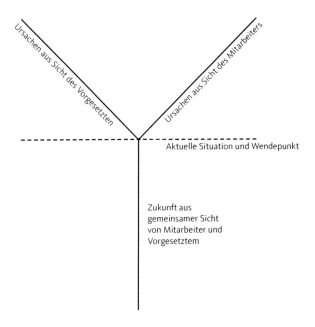

Abb. 24: XY-Entscheidungsfrage – gemeinsame Sichtweise in Bezug auf die die Zukunft

Mit dieser Grafik kann man jedes Konfliktgespräch eröffnen, das natürlich ein Gespräch zur konstruktiven Planung einer gemeinsamen Zukunft sein soll.

Die Vergangenheit „knicken"

Bei Konfliktgesprächen besteht die Gefahr, in der Vergangenheit zu wühlen, statt sich auf die Zukunft zu konzentrieren. Ein Beispiel folgt dem anderen, Frust und Wut nehmen gegenseitig zu, eine gemeinsame Lösung wird zunehmend unwahrscheinlich.

> Sicher ist es wichtig, besonders dem Mitarbeiter die Gelegenheit zu geben, seine Sicht darzustellen. Doch dabei sollte es nicht bleiben, und schon gar nicht sollte sich der Vorgesetzte rechtfertigen. Das führt nur zu einem Aufschaukeln der Situation ohne Nutzen für die Zukunft.

Ich empfehle Führungskräften in der Führungskräfteentwicklung stets folgende Technik:

Teilen Sie ein weißes Blatt Papier mit einem Strich in zwei gleich große Hälften. Nun bitten Sie Ihren Mitarbeiter, seine Sicht zu schildern. Dass sie dabei aufmerksam zuhören, ist selbstverständlich. Darüber hinaus notieren sie nun in der linken Spalte das Gehörte stichwortartig. Nach Ende der Schilderung fassen Sie mithilfe Ihrer Stichworte die Sicht des Mitarbeiters noch einmal zusammen (Inhaltsspiegeln). Es spielt dabei keine Rolle, ob und was der Mitarbeiter Ihnen vorwirft. Das ist sogar gewollt, normal und wichtig. Die wenigsten Mitarbeiter – und Führungskräfte – sehen die Ursachen zuerst bei sich selbst. Das gilt besonders für Männer. Und noch einmal: Fangen Sie auf keinen Fall an, sich zu rechtfertigen!

Nun schreiben Sie über die rechte Spalte das Wort „Zukunft", über die linke das Wort „Vergangenheit" und zeigen dem Mitarbeiter das Blatt.

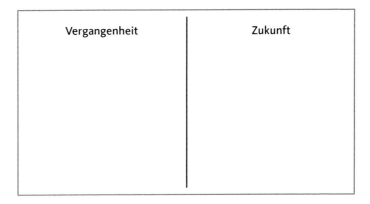

Abb. 25: Die Vergangenheit „knicken"

Sie sagen:

„Ok, Herr Post, wir haben nun zusammen Ihre Sicht erfasst. Ich könnte Ihnen jetzt auch meine Sicht erläutern. Einiges würde sich decken, einiges sehe ich anders. Doch ich frage mich gerade, inwieweit uns das weiterbringt. Denn wie wir beide sehen können, befinden wir uns momentan noch in der Vergangenheit. Diese können wir nun nicht mehr ändern. Was wir jedoch ändern können, ist die Zukunft. Also lassen Sie uns die Vergangenheit knicken und uns auf die Zukunft konzentrieren."

Nun nehmen Sie das Blatt und falten (knicken) es in der Mitte, sodass nur noch die Zukunft sichtbar bleibt. Nun stellen Sie fest:

„Die beiden Fragen, die sich jetzt stellen, sind: Erstens, was können und werden Sie nun ganz konkret dafür tun, damit die vereinbarten Regeln eingehalten werden? Und zweitens: Wie kann ich / können wir Sie dabei unterstützen?"

Die Verwendung des Wortes „unterstützen" ist wichtig. Es macht deutlich, dass die Initiative der Veränderung vom Mitarbeiter selbst kommen muss, Sie als Führungskraft ihm dabei aber zur Seite stehen. Sollte der Mitarbeiter überwiegend Maßnahmen vorschlagen, welche sein Umfeld und andere Personen betreffen, lenken sie ihn wieder auf sich selbst:

„Herr Post, sie haben nun eine Reihe von Maßnahmen genannt. Mir fällt dabei auf, dass die Veränderungen hauptsächlich von den anderen oder von mir kommen müssen. Die erste Frage lautete jedoch, was Sie konkret zu einer besseren Zukunft beitragen werden."

Lassen Sie nicht locker. Beharren sie auf Vorschlägen, die den Mitarbeiter selbst betreffen. Fassen Sie diese ebenfalls, diesmal allerdings ganz konkret, auf der rechten Seite des Blattes zusammen.

Als Ergebnis des Gesprächs sollte eine Liste mit den nächsten Aufgaben und Schritten entstehen. Für jedem Schritt sollten Ausführender und Frist zur Erledigung erkennbar sein. Auch ein Resultat muss eingetragen werden können. Diese Liste ist dann der verbindliche „Fahrplan" für die nächsten Wochen.

Die Gesprächsteilnehmer

Wer an diesem Gespräch teilnimmt, richtet sich nach dem Stadium, in dem sich der Konflikt befindet. In einer frühen Phase genügt ein Gespräch zwischen Vorgesetztem und Mitarbeiter. Dabei kann und sollte der nächsthöhere Vorgesetzte zugegen sein. Alternativ kann ein Experte aus der Personalabteilung oder ein Mitglied des Betriebsrats hinzugezogen werden. Das verdeutlicht dem zu kritisierenden Mitarbeiter den Ernst der Lage.

In einer fortgeschrittenen Phase – für deren Zustandekommen übrigens der Vorgesetzte die Verantwortung trägt – sollte ein qualifizierter externer Spezialist anwesend sein. Dieser minimiert das Risiko einer unkonstruktiven Eskalation erheblich und sorgt für konkrete Resultate.

> Bei einem fortgeschrittenen Konflikt empfehle ich aus Erfahrung, auf jeden Fall den Betriebsrat und die Personalabteilung einzubinden.

In manchen Fällen ist es förderlich, einen Fachanwalt für Arbeitsrecht einzubeziehen, der juristische Fragen unmittelbar klären kann. Die Anwesenheit eines Anwalts, besonders auf Unternehmerseite, hat Signalwirkung und verdeutlicht die ernsthafte Absicht. Sie kann aber auch die Chancen auf gütliche Einigung verringern. Der Führungskraft muss also klar sein, was sie erreichen will. In jedem Fall sollte sie sich vorher mit dem Betriebsrat und der Personalabteilung abstimmen. Ein Arbeitsrechtler sollte im Gespräch zunächst neutral bleiben und lediglich die Beantwortung juristischer Fragen übernehmen.

Enge Personalführung: kritisch und konsequent

Irgendwann ist alles gesagt und die Analyse abgeschlossen. Mit Stunde null beginnt die neue Zeit. Mit dem Blick nach vorn können alte Fehler bei der Führung von Mitarbeitern korrigiert und neue vermieden werden.

Man erinnere sich daran: Über zwei Drittel der Ursachen für Kritik am Mitarbeiter liegen beim Vorgesetzten. Hier muss angesetzt werden: Ressourcen müssen im notwendigen Umfang bereit- und Informationen rechtzeitig zur Verfügung stehen.

Zur Optimierung gehört auch die Vergabe der richtigen Aufgabe an den passenden Mitarbeiter.

> Am wichtigsten ist das gemeinsame Festlegen eindeutiger und verbindlicher Regeln für beide Seiten!

Dieser Regulierungsprozess sollte in vielen Fällen durch einen externen Experten mit objektiver Sicht begleitet und unterstützt werden. Sind die Regeln aufgestellt, muss sich die Personalführung nach ihnen richten. Sie muss nun wesentlich enger erfolgen als in der Vergangenheit.

> Damit ist nicht gemeint, dass der Mitarbeiter auf Schritt und Tritt kontrolliert wird, sondern, dass Abweichungen von den festgelegten Regeln unmittelbare Konsequenzen nach sich ziehen.

Eine der Konsequenzen kann eine Abmahnung sein. Zumindest jedoch muss jede Abweichung in einem Gespräch unmittelbar kritisiert werden.

Die meisten Führungskräfte scheuen solch ein Gespräch. Es wird gern aufgeschoben oder verwässert. Vielen Führungskräften fehlen Methodik und Instrumente solch einer Gesprächsführung. Ziel des nächsten Abschnitts ist es deshalb, Kritikgespräche einmal näher zu betrachten.

Regeln für ein Kritikgespräch

Was ein Kritikgespräch erreichen soll, ist klar. Doch wie soll es geführt werden?

Die Kritik der Führung betrifft stets ein Verhalten oder eine Entscheidung aus der Vergangenheit. Einem Mitarbeiter soll also mitgeteilt werden, dass sein früheres Handeln nicht den Unternehmensregeln und / oder den Vorstellungen des Vorgesetzten entsprach.

Viele Teilnehmer meiner Seminare berichten, dass dies wie das Überbringen einer schlechten Nachricht sei. Man fühle sich zudem irgendwie mitschuldig. Andere fürchten sich vor anschließenden Diskussionen, insbesondere mit aufbrausenden Charakteren. Es bleibt dann bei einem „Herumdrucksen" und „Herumeiern". Damit ist Kritik unwirksam.

Das vor dem Kritisieren entstehende unangenehme Gefühl ist rational nicht zu erklären. Der Kritiker ist ja nur der Überbringer einer Nachricht, der Sender. Die Ursache der Nachricht selbst wird von ihm transportiert, aber nicht produziert. Produzent der Kritik ist der Empfänger, der sich nicht regelkonform verhielt. Nur wenn er eine entsprechende Regel nicht kannte, fällt die Kritik auf den Überbringer der Nachricht zurück.

Es geht in einem Kritikgespräch zunächst darum, die Differenz zwischen *Ist* und *Soll* zu zeigen.

Wie das geschieht, hängt von Situation und Mitarbeiter ab. Es gibt nicht die *einzig richtige* Methode, kritische Gespräche zu führen.

Jedes Kritikgespräch verfolgt zwei Ziele:

1. Die Kritik muss ankommen.
2. Die Kritik muss eine Verhaltensveränderung bewirken.

Jede Methode, bei der die Kritik den Empfänger interpretationsfrei erreicht und eine Verhaltensänderung bewirkt, ist erfolgreich. Doch folgende Regeln sind zu beachten:

1. Regel: Wertschätzung

Eine Kritik muss ankommen. Das ist nur der Fall, wenn der zu Kritisierende dafür offen ist (vgl. Dobler, 2006).

> Der zentrale Schlüssel, um Gesprächspartner für Kritik zu öffnen, ist Wertschätzung!

Doch was ist Wertschätzung? Hier stelle ich in Seminaren immer wieder fest, dass nahezu jeder Teilnehmer andere Vorstellungen davon hat, im Kern jedoch damit verbindet, dass er ernstgenommen werden möchte.

> **Wertschätzung beginnt damit, den anderen ernstzunehmen.**

Ernstnehmen bedeutet, Wichtiges nicht im Vorbeigehen oder „zwischen Tür und Angel" mitzuteilen; dem anderen eine rationale Reaktion auf Kritik zuzutrauen; die Sicht des anderen zu hören und zu akzeptieren; das Verhalten des Gesprächspartners mit klaren Worten zu kritisieren, ohne ihn persönlich anzugreifen. Ernstnehmen heißt auch, die Dinge aus seiner eigenen Sicht zu präsentieren und keine Dogmen und Behauptungen aufzustellen.

2. Regel: Ich-Botschaften

Eine einfache Regel von Ruth Cohn[10] besagt, dass Kritik immer aus eigener Sicht geäußert werden soll. Kurz: Stehen Sie zu dem, was sie sagen und senden Sie eine Ich-Botschaft.

Folgendes Beispiel soll das verdeutlichen: Es ist ein Unterschied, ob jemand sagt: „Die Brille steht Dir nicht." oder ob er sagt: „*Ich finde*, die Brille steht Dir nicht." Mit der ersten Aussage verallgemeinert er unzulässig und arrogant. Mit der zweiten Aussage verzichtet er auf eine Verallgemeinerung und äußert lediglich seine persönliche Meinung. Diese Ich-Botschaft ist kaum angreifbar.

Mit einer Ich-Botschaft endet das Kritikgespräch jedoch noch nicht. Sie ist lediglich ein Instrument, Wertschätzung zu zeigen.

3. Regel: Konsequenzen des Verhaltens mitteilen

Ein Kritikgespräch (übrigens auch positive Kritik) bezieht sich auf ein bestimmtes Verhalten. Doch bloße Kritik daran ist nur wertend. Menschen wollen aber Zusammenhänge erkennen und wissen, welche Wirkung ihr Verhalten hat.

In Wahrheit betrifft die Kritik nicht primär das Verhalten, sondern dessen Konsequenzen. Es ist zwar wertschätzend, jemandem durch eine Ich-Botschaft zu vermitteln, dass etwa eine Präsentation gut oder schlecht war. Doch wenn die Kritik damit endet, kann der Empfänger in Wahrheit nicht viel damit anfangen.

Eine Präsentation vor Kunden hat Folgen. Erst ihre Kenntnis gibt dem Kritisierten Aufschluss über sein Verhalten, und erst jetzt kann er Zusammenhänge herstellen. Nun kann er über eine mögliche Verhaltensänderung entscheiden. Doch diese

---

[10] Ruth Cohn (1912 - 2010) war die Begründerin der Themenzentrierten Interaktion, eines Konzepts zur besseren Arbeit in Gruppen

Kenntnis der Folgen wird dem zu Kritisierenden in Gesprächen immer wieder vorenthalten. Um das genannte Beispiel wieder aufzunehmen: Eine gute Präsentation vor Kunden führt zu einem Auftrag, eine schlechte verhindert ihn. Es sind die positiven und negativen Folgen einer Handlung, die einen Mitarbeiter motivieren. Deshalb müssen sie in einem Kritikgespräch auch benannt werden, besonders, wenn sie negativ sind.

4. Regel: Entscheidungsmöglichkeiten zeigen

Die Folgen seines Handelns brachten den Kritisierten in diese Situation. Sie eröffnet aber stets Entscheidungsmöglichkeiten. Wertschätzung bedeutet auch, einem Mitarbeiter diese Möglichkeiten zu zeigen. Meine Erfahrungen zeigen, dass transparente Entscheidungsprozesse besser akzeptiert werden.

5. Regel: Erwartungshaltungen definieren

Der Verlauf eines jeden Kritikgesprächs wird auch durch die Erwartungshaltung des Kritisierenden bestimmt. Erst wenn der Kritisierte sie kennt, kann er sein Verhalten darauf einstellen.

6. Regel: Sanktionen bestimmen

Jedes Kritikgespräch wird von der Hoffnung auf Verhaltensänderung getragen. Doch was passiert, wenn sie nicht eintritt? Üblicherweise sucht der Vorgesetzte das Gespräch mit dem Mitarbeiter erneut. Der Mitarbeiter wartet nun auf seine „Strafe".

Diese Situation erzeugt neuen Druck. Der Vorgesetzte muss unter Abwägung aller Faktoren eine konsequente Entscheidung treffen. Tut er das nicht, wird jede zukünftige Kritik am Mitarbeiter bedeutungslos. Er sollte deshalb dem betreffenden Mitarbeiter schon beim ersten Kritikgespräch die Konsequenzen einer erneuten Verfehlung mitteilen, damit sich dieser darauf einstellen kann.

Das erleichtert das Verkünden einer konsequenten Entscheidung sehr, denn jetzt liegt es am Mitarbeiter, sich nach ihr zu richten. Der Vorgesetzte wird zum Übermittler der Botschaft und eventuell zum Vollstrecker des Urteils. Entscheider aber ist er längst nicht mehr, denn die Entscheidung trifft der Mitarbeiter mit seinem Verhalten. Die Konsequenzen sind ihm längst bekannt.

Ein Beispiel aus dem Straßenverkehr erklärt dieses Prinzip: Hat ein Autofahrer im Straßenverkehr mehrere Regeln missachtet und wurde dabei erwischt, sammelt er dafür in Deutschland fleißig Punkte und bezahlt jedes Mal ein Bußgeld. Die Anzahl der Punkte und die Höhe des Bußgelds waren ihm vorher bekannt. Die Entscheidung, ein neues Risiko einzugehen liegt nun bei ihm.

Mit anderen Worten: Eine Führungskraft sollte die notwendigen Sanktionen eines wiederholten Verstoßes rechtzeitig bestimmen. In einer akuten Situation kann sie dann wesentlich souveräner und entspannter handeln.

Eine bewährte Methode, Kritik zu üben

Aus diesen Regeln habe ich eine inzwischen bewährte Methode des Äußerns von Kritik entwickelt (siehe Abb. 26).

Zum besseren Verständnis zeige ich die Anwendung dieser Methode am Beispiel eines Schlechtleisters.

Abb. 26: „Feedbackschema nach Dr. Dobler"

Denkbar ist folgende Situation:

Ein Verkäufer kommt wiederholt zu spät zur Arbeit und kann deshalb seinen Laden nicht pünktlich öffnen. Dieser befindet sich in einem Bahnhofsgebäude und lebt von Laufkundschaft. Durch wiederholte verspätete Öffnung sind zahlreiche Kunden zur Konkurrenz abgewandert.

Der Vorgesetzte plant ein Gespräch mit seinem Mitarbeiter. Dieser soll erkennen, dass sein Verhalten bereits wiederholt Kunden verprellte und damit eine Regelverletzung darstellt. Natürlich soll er der klaren Forderung nach einer pünktlichen Öffnung des Ladens zukünftig Folge leisten.

> Eine der wichtigsten Fragen, die der Vorgesetzte bei dieser Feedbackmethode beantworten muss, lautet: Was passiert, wenn der Mitarbeiter erneut seine Pflicht verletzt?

Achtung: Bei dieser Methode soll ganz bewusst erst gegen Ende ein Dialog mit dem Mitarbeiter geführt werden!

Der Vorgesetzte stellt den Mitarbeiter zur Rede:

1. Was ist passiert? *„Herr Schmidt, ich möchte mit Ihnen über die Vorfälle vom 12.06. und 21.07. reden – Mir ist aufgefallen, dass Sie an beiden Tagen den Shop erst um 09:15 Uhr bzw. 09:20 geöffnet haben."*

2. Wozu hat das geführt? *„Da wir von Laufkundschaft leben, führt ein geschlossener Laden dazu, dass die Kunden zur Konkurrenz nebenan abwandern. Das ist auch an diesen beiden Tagen passiert. Das führte dazu, dass mich mein Vorgesetzter aus der Zentrale in Frankfurt anrief und mich völlig überraschend mit dieser Tatsache konfrontierte. Er wollte von mir wissen, ob ich meine Leute noch im Griff habe. Das führte letzten Endes sogar zu der Frage, ob ich noch der richtige Vorgesetzte wäre. Und deshalb unterhalte ich mich heute mit Ihnen über Ihr Verhalten."*

3. Welche Optionen? *„Ich habe nun mehrere Optionen, Herr Schmidt. Erstens könnte ich die ganze Angelegenheit einfach ignorieren und hoffen, dass Sie künftig den Laden immer pünktlich öffnen. Bei dieser Option würde ich allerdings meiner Aufgabe als Führungskraft tatsächlich nicht gerecht. Zweitens habe ich die Option, Sie für diese beiden Vergehen abzumahnen. Das hätte allerdings Auswirkungen auf unser Teamklima. Ich habe auch noch die dritte Option: bei der Zentrale eine fristlose Kündigung durchzusetzen und hier ein deutliches Signal zu setzen. Und ich habe die vierte Option, mit Ihnen erst einmal zu sprechen, nach den Ursachen zu fragen und mit Ihnen zusammen eine Lösung zu finden. Ich habe mich für letztere Variante entschieden."*

4. Wie weiter? *„Ich erwarte von Ihnen, dass Sie den Shop künftig pünktlich um 09:00 Uhr öffnen."*

5. Welche Strategie? *„Was werden Sie konkret tun, damit künftig gewährleistet ist, dass Sie den Shop pünktlich öffnen? Gibt es etwas, womit wir sie dabei unterstützen können?"*

Der Mitarbeiter wird nun in der Regel Vorschläge unterbreiten. *Achtung*: Sollte der Mitarbeiter Begründungen für sein Verhalten liefern wollen, unterbrechen Sie ihn mit dem Kommentar:

„Herr Schmidt, es gibt natürlich Gründe, weshalb Sie es nicht geschafft haben, doch das ist ja nun Vergangenheit. Lassen Sie uns nun in die Zukunft blicken. Deshalb lautet die wichtigere Frage nun: Wie können und werden Sie solch ein Verhalten in Zukunft verhindern?"

Nehmen wir an, Herr Schmidt verpflichtet sich, künftig mit einer früheren Straßenbahn zur Arbeit zu fahren. Jetzt ist es wichtig, die nötige Verbindlichkeit herzustellen. Dazu soll die Verpflichtung des Mitarbeiters vom Vorgesetzten wiederholt und um die Frage ergänzt werden:

„Das heißt, ich kann mich künftig auf Sie verlassen?"

In aller Regel bejaht der Mitarbeiter diese Frage. Seine Antwort bestätigen Sie mit:

„Ok, dann verlasse ich mich auf sie!"

Die Bestätigung ist wichtig, denn sie schafft eine Verbindlichkeit auf der Beziehungsebene, jenseits der vertraglichen Verpflichtungen. Tatsächlich wollen Sie sich ja auch persönlich auf ihren Mitarbeiter verlassen können. Deshalb ist eine diesbezügliche Frage von nicht zu unterschätzender Bedeutung.

6. **Was, wenn nicht?** Doch was geschieht, wenn Herr Schmidt den Laden erneut zu spät öffnet, wenn er seine Verpflichtung also nicht einhält? Wie bereits erwähnt, sollte der Vorgesetzte diese Frage vorher entscheiden und dem Mitarbeiter den Preis für ein erneutes Vergehen rechtzeitig nennen:

„Was soll ich tun, wenn Sie den Shop wieder zu spät öffnen und ich erneut einen Anruf aus Frankfurt erhalte? In diesem Fall müsste ich auf die zweite Option zurückgreifen: Ich müsste Ihnen eine Abmahnung erteilen, und zwar gegebenenfalls sogar rückwirkend für den Vorfall am 21.07. Das wäre mir sehr unangenehm. Herr Schmidt, ich hoffe, Sie können uns das ersparen."

In der letzten Aussage nennt der Vorgesetzte den Preis für einen erneuten Verstoß. Damit entlastet er alle Beteiligten, insbesondere sich selbst. Die Offenheit gegenüber dem Mitarbeiter schafft Transparenz und Berechenbarkeit und bindet damit Angst. Welche Abschlussworte passend sind, entscheidet der Vorgesetzte. Die Botschaften der Punkte 1 bis 6 dürfen dadurch aber keinesfalls verwässert werden.

Ein paar Worte zum Thema Abmahnung

Das Wort Abmahnung hört sich für die meisten Menschen sehr negativ an. Es klingt nach Wut, Entschlossenheit und viel Stress. Sowohl Absender als auch Empfänger der Abmahnung sind an ihrem Zustandekommen beteiligt.

Interessanterweise fühlen sich beide Parteien in den meisten Fällen nicht als Beteiligte, sondern als Betroffene, sogar als Opfer. In dieses negative Gefühl mischt sich bei beiden darüber hinaus auch noch Unsicherheit. Derjenige, der die Abmahnung erteilen will, ist unsicher, ob und wie er sie überbringen soll. Er hat zudem rechtliche Bedenken. Die Unsicherheit wird oft von der Angst begleitet, der abgemahnte Mitarbeiter könnte anschließend seine Leistungsbereitschaft massiv verringern (siehe Croset und Dobler, 2012).

Diese Befürchtung ist nicht ganz unberechtigt, denn das Verhalten eines abgemahnten Mitarbeiters ist meist tatsächlich nicht vorherzusagen. Frust und Wut sorgen vielfach für das Gegenteil des geforderten Verhaltens.

Viele Arbeitgeber unterschätzen die Wirkung einer Abmahnung. Sie vergessen dabei, dass diese nicht nur ein Signal für den Mitarbeiter, sondern auch für die Belegschaft ist. Erfahrungsgemäß werden Abmahnungen im Unternehmen schnell bekannt.

> Die meisten Abmahnungen sind das vorläufige Produkt einer Kette von Führungsversäumnissen – der Hilferuf eines Vorgesetzten, der gehört werden soll.

Wozu abmahnen?

Nach Croset und Dobler (2012) ist es das Ziel einer Abmahnung (sofern der Mitarbeiter nicht bereits auf den Kündigungsprozess vorbereitet wird), dem Mitarbeiter eine Warnung zukommen zu lassen. Jede Abmahnung soll eine Verhaltensveränderung bewirken.

Juristisch hat eine Abmahnung drei Funktionen: eine Dokumentationsfunktion, eine Hinweisfunktion und eine Warnfunktion (Croset und Dobler, 2012).

Auch hier ist das *Wie* entscheidend.

Wie abmahnen?

Zu den juristischen Gesichtspunkten von Abmahnungen existieren in der Arbeitswelt zahlreiche Gerüchte, Halbwahrheiten und Irrtümer.

Das Gerücht, dass der Arbeitgeber spätestens vierzehn Tage nach dem mahnwürdigen Vorfall eine Abmahnung aussprechen müsse, hält sich ebenso hartnäckig wie der Glaube, es wären mindestens drei Abmahnungen vor einer wirksamen Kündigung nötig. Beides ist ebenso falsch wie gefährlich (vgl. Croset und Dobler 2012). In meiner früheren Tätigkeit als Personalleiter saß auch ich vielen dieser Irrtümer auf, bestätigt von Anwälten mit eher übersichtlichen Kenntnissen im Arbeitsrecht.

Richtig ist, dass jede verhaltensbedingte Kündigung, von wenigen Ausnahmen abgesehen, ohne eine vorherige Abmahnung unwirksam ist. Erfahrungsgemäß führen unwirksame Abmahnungen meist zu hohen Abfindungszahlungen.

Dem Fachanwalt und Spezialisten für Arbeitsrecht Pascal Croset zufolge sind über 70 % aller Abmahnungen unwirksam, der Großteil aufgrund formaler Fehler (Croset und Dobler, 2012). Er empfiehlt, niemals mehrere Vorwürfe in einer Abmahnung zu bündeln, denn wenn ein Vorwurf arbeitsrechtlich nicht haltbar ist, werden die anderen bedeutungslos. Hier gilt: „Ein faules Ei verdirbt den ganzen Brei".

> Im Übrigen darf man nie vergessen, dass ein Richter stets über das entscheidet, was zwischen zwei Aktendeckel passt. Was dort nicht zu finden ist, wird nicht berücksichtigt!

Häufig erteilen Arbeitgeber unbeabsichtigt Abmahnungen, indem sie ihren ersten Emotionen freien Lauf lassen und dem entsprechenden Mitarbeiter bei wiederholten Fehlverhalten sofort mit einer Kündigung drohen. So verständlich diese Reaktion auch sein mag, juristisch handelt es sich um die Erteilung einer – formal fehlerhaften und damit eben unwirksamen – Abmahnung, die im Nachhinein nicht mehr korrigiert werden kann.

Pascal Croset erstellte für unsere Seminare eine Übersicht, die ich an dieser Stelle zur Verfügung stellen möchte. In diesem Zusammenhang empfehle ich auch die Lektüre des Buchs „Die rechtssichere Abmahnung: Ein Leitfaden für Personalabteilung und Geschäftsführung", das zahlreiche wertvolle Hinweise zur juristisch abgesicherten Gestaltung von Abmahnungen gibt.

Das Wichtigste daraus noch einmal als Zusammenfassung (siehe folgende Abbildung).

1. **Die Abmahnung im Falle eines Arbeitsgerichtsprozesses**

   - Eine verhaltensbedingte Kündigung ist ohne vorherige Abmahnung unwirksam.
   - Eine Abmahnung scheitert im Arbeitsgerichtsprozess zu 70 % an Formfehlern.
   - Unwirksame Abmahnung bedeutet hohe Abfindung.
   - Wirksame Abmahnung bedeutet niedrige Abfindung.

2. **Die drei Funktionen der Abmahnung**

   a) *Dokumentationsfunktion*

   - kein allgemeiner Vorwurf/keine Schlagworte!
   - zeitlich und örtlich individualisieren (soweit möglich): „Am ... um ... in ... haben Sie ..."
   - keine Wertung; objektive, sachlich nachweisbare Vorwürfe

   b) *Hinweisfunktion*

   - konkreten Vorwurf genau definieren; Verbotsnorm nennen
   - keine Schlagwörter („mangelnde Teamfähigkeit"), sondern detaillierte Sachverhalte
   - keine Wertungen (falsch: „haben einen Kollegen beleidigt"; richtig: „haben Herrn Schulz als Vollidiot bezeichnet")
   - auch wenn eindeutig: rechtmäßiges Alternativverhalten darlegen (Wie ist es richtig?: „Nicht so ... sondern so ...")

c) *Warnfunktion*

- Klare Kündigungsandrohung!
- ggf. Steigerung („arbeitsrechtliche Konsequenzen, bis hin zu Kündigung ...") etc.
- Vorsicht bei zu vielen Abmahnungen: Inflation zerstört Warnfunktion

3. **Typische Fehler (Formalia)**

- niemals mehrere Vorwürfe in einer Abmahnung
- Schriftform unbedingt ratsam
- Zugang: Bestätigung durch Empfangsvermerk
- *keine* Frist zum Ausspruch einer Abmahnung

4. **Erneuter Verstoß: Ist jetzt eine Kündigung berechtigt?**

- Es muss Gleichartigkeit zwischen Abmahnungs- und Kündigungsgrund vorliegen!
- Gleichartig bedeutet nicht identisch, sondern „ähnlich"!
- Erforderliche Anzahl: 1 bis 3 Abmahnungen; Rechtsprechung im Einzelfall prüfen!
- Wirkungsdauer der Abmahnung: Faustregel 2 Jahre; Einzelfall prüfen!

Abb. 27: Übersicht „Richtig abmahnen"

Eine Abmahnung richtig überbringen

Wie oben bereits erwähnt, ist das Ziel einer Abmahnung (sofern man nicht bereits auf eine Kündigung hinarbeitet), dem Mitarbeiter eine Warnung zukommen zu lassen. Nicht mehr und nicht weniger. Sie soll auf keinen Fall vorhandene Motivation zerstören. Die Befürchtung vieler Arbeitgeber, dass der Abgemahnte anschließend weniger Leistung erbringt, ist berechtigt.

> Vor dem Erteilen einer Abmahnung gilt es, Schaden und Nutzen abzuwägen.

Die oberste Regel beim Überbringen einer Abmahnung lautet: stets persönlich und von Angesicht zu Angesicht. Dabei ist es unerheblich, ob für den Vorgesetzten bereits eine Kündigung vorstellbar ist. Die korrekte Form ist nicht nur eine Frage von Wertschätzung und Rückgrat, sondern soll auch Signalwirkung haben.

Ich empfehle, ein Abmahnungsgespräch stets vorzubereiten. Als Vorgesetzter sollten Sie unbedingt vorher entscheiden, ob Sie den abzumahnenden Mitarbeiter weiter beschäftigen oder ihm in absehbarer Zeit kündigen möchten. Das ist deshalb so wichtig, weil sich der Stil des Gespräch erheblich voneinander unterscheidet. Ihre Gemeinsamkeit liegt lediglich in der Klarheit der Formulierung.

> Eine Abmahnung ist ein deutliches Signal und zeigt die Entschlossenheit des Vorgesetzten, künftige Grenzverletzungen nicht mehr zu dulden. Diese Botschaft darf auf keinen Fall durch Relativierungen „verwässert" werden: Sagen Sie deutlich, was Sie wollen und was nicht.

> Beschreiben Sie konkrete Konsequenzen eines bestimmten Verhaltens. Sprechen Sie in aller Deutlichkeit und mit innerer Überzeugung. Bleiben Sie dabei aber stets wertschätzend oder zumindest respektvoll.

Dies gilt sowohl für den Fall, dass Sie sich vom entsprechenden Mitarbeiter trennen möchten, als auch für den Fall, dass sie ihn behalten wollen.

Viele Führungskräfte wirken während des Abmahngesprächs unsicher. Sie „schwadronieren" und „lamentieren" und können ein schlechtes Gewissen kaum verbergen. Zudem zeigen sie auch körperliche Anzeichen von Unwohlsein. Das alles registriert der abzumahnende Mitarbeiter. Bei ihm entsteht so der Eindruck, dass die Abmahnung in Wahrheit nicht rechtens und damit ungerecht sei (siehe Croset und Dobler, 2012).

Eine Abmahnung mit Entschlossenheit zu übergeben ist selten einfach und wird umso schwieriger, je besser das Verhältnis zwischen Ihnen als Vorgesetztem und Ihrem Mitarbeiter ist.

Hier wird erneut die Wichtigkeit der eigenen Klarheit deutlich. Erst wenn Ihnen selbst klar ist, was Sie von Ihrem Mitarbeiter wollen, können Sie dies auch vermitteln. Das sollte Ihnen vor einer Abmahnung stets klar sein.

Veränderung durch Coaching

Zur Unterstützung einer Verhaltensänderung kann ein Vorgesetzter seinem Mitarbeiter anbieten, ihn durch einen Experten coachen zu lassen. Als Coach werde ich immer wieder gefragt: „Was bringt denn das?" oder „Was machen Sie denn dabei genau?" Die größte Befürchtung ist stets, dass beim Coaching ein wenig Plauderei bezahlt werden soll. Vielen Führungskräften ist es noch suspekt. Die folgenden Kapitel erklären deshalb, was Coaching ist, was es bringt und was es erreichen kann.

Was ist Coaching?

Die Frage, was Coaching ist, wird unter Coachs heftig diskutiert. Es gibt zahlreiche Definitionen, unter ihnen auch solche, die problemlos das *Was* mit dem *Wie* verbinden. Einige behaupten, Coaching sei beratend, andere schließen dies explizit aus und sprechen lediglich von Begleitung: Der Klient (der Coachee) wisse selbst am besten, was er wolle und der Coach sei nur dazu da, mit ihm den besten Weg zu finden. Life-Coach und Business-Coach sind nur zwei von rund vierzig Begriffsbildungen. Die Definitionsvielfalt zeigt, dass der Begriff nicht geschützt ist.

Vier Fakten sollte jede Definition berücksichtigen:[11]

---

[11] Vgl. auch die Begriffsdefinition der DPA (Deutsche Psychologen Akademie)

1. Coaching soll in einer konkreten Situation zu einer gewünschten Veränderung und Anpassung von Zielen, Einstellungen, Motivationen oder Fähigkeiten führen. Ziel und Aufgabe eines Coachings ist es, den Coachee so zu unterstützen, dass ihm diese Anpassung gelingt.

2. Eine Coaching-Maßnahme ist in jedem Fall zeitlich begrenzt.

3. Ein Coachee muss stets freiwillig am Coaching teilnehmen und eine Veränderung auch wirklich wollen.

4. Coaching ist eine Frage des Vertrauens zwischen Coachee und Coach. Ohne dieses Vertrauen ist kein Coaching möglich.

Der Unterschied zwischen Training und Coaching

Viele Anbieter setzen die beiden Begriffe gleich, zumal das englische Wort „Coach" ja auch „Trainer" bedeutet. Ich unterscheide jedoch sehr wohl zwischen Coaching und Training.

Bei Einzelcoachings geht es aus meiner Sicht um das Verändern von Sichtweisen, Einstellungen und Motivationen sowie um das Erarbeiten von Entscheidungen und Erkenntnissen. In Einzeltrainings dagegen soll erlerntes Wissen zur Routine werden. Hier werden also Fertigkeiten und Neuerlerntes trainiert. Ob nun das Festigen von Lernstoff eher zum Coaching oder eher zum Training gehört, ist aus meiner Sicht lediglich eine akademische Frage. Es gibt hier Coachs, die Training und Coaching rigoros und schon fast fanatisch trennen. Doch für mich beinhaltet Coaching auch das Verändern von Fähigkeiten und Fertigkeiten. Geschieht dies, vermischen sich Training und Coaching ohnehin: Eine neue Methode muss schließlich gefestigt werden.

Ich definiere zwei Phasen des Coachings:

1. Die Phase des konstruktiven Coachings, in der es um das Erkennen von Defiziten geht und damit eine reale Sicht der Dinge entsteht. In dieser Phase wird also die Bereitschaft zur Veränderung hergestellt.
2. Die Phase des instruktiven Coachings, in der der Coachee Mittel und Wege einer nachhaltigen Veränderung zu nutzen lernt. Das Training ist hier fester Bestandteil.

Was bringt Coaching – was kann Coaching?

> Coaching soll Veränderungen erreichen: Etwas ist zu viel oder zu wenig vorhanden und muss an eine konkrete Situation angepasst werden.

In unserem Fall betrifft das Veränderungen des Verhaltens oder der Leistung. Hier hilft Coaching weiter. Ein nachhaltiger Erfolg ist jedoch von mehreren Faktoren abhängig. Sie werden im nächsten Abschnitt dargestellt.

Voraussetzungen für ein Coaching

Zwei grundlegende Voraussetzungen für ein erfolgreiches Coaching sind Freiwilligkeit und Vertrauen zum Coach. Maßgebend für den Erfolg eines Coachings sind weiterhin:

1. das Ziel,
2. der Coach,
3. der Coachee und
4. das Umfeld des Coachees.

Diese Bedingungen sind eng miteinander verknüpft und beeinflussen sich gegenseitig.

Das Ziel des Coachings

Ein Ziel muss realistisch und damit erreichbar sein. Es sollte nicht mit anderen Vorhaben kollidieren oder ihnen gar entgegenstehen. Zudem muss es messbar sein, damit erkennbar ist, inwieweit es erreicht wurde. Fehlt ein solches Ziel, wird das Coaching tatsächlich zur Plauderstunde. Doch *woran* soll ein Ziel gemessen werden?

Unternehmen besitzen oft keinen Maßstab zum Bestimmen einer Leistung, weil eine *Soll*-Angabe fehlt. Eine Minderleistung kann so kaum bestimmt werden. Selbst eine Schlechtleistung ist kaum messbar. Woran soll der Arbeitgeber erkennen, dass sein von ihm bezahlter Mitarbeiter nun tatsächlich eine bessere Leistung erbringt als vorher? Woran erkennt das Umfeld, dass sich das Verhalten eines Coachees geändert hat? Diese Fragen sollten vor Beginn eines Coachings im Unternehmen geklärt werden.

Die Qualifikation des Coachs

Verantwortlich für den Erfolg des Coachings ist in erster Linie der Coach. Denn im Sinne von Lehrer, Trainer und auch (nach der ursprünglichen Bedeutung) Kutscher ist er Steuermann und Transportmittel zugleich. Er lebt von seiner Glaubwürdigkeit. Deshalb muss er in seiner Persönlichkeit gefestigt sein. Natürlich ist auch er nicht frei von Fehlern. Er muss aber wissen, was er will und was er kann. Gemeint ist damit auch, dass er sich und seine Umwelt akzeptiert und Mittel und Wege zur Beseitigung seiner eigenen Defizite kennt.

Der Coach muss über ein umfangreiches Wissen und taugliche Methoden verfügen, um bei seinem Coachee Veränderungen auszulösen, konstruktiv voranzutreiben und den gesamten Veränderungsprozess zu begleiten. Es ist nicht damit getan, den Coachee mittels einstudierter Fragetechnik zu lenken. Es reicht auch nicht aus lediglich den systemischen[12] Ansatz zu kennen und zu befolgen. Ein Coach braucht zusätzlich fundiertes psychologisches Wissen. Im Businessbereich sind darüber hinaus gute betriebswirtschaftliche Kenntnisse nötig.

Aus meiner Sicht ist es nicht nur hilfreich, sondern absolut notwendig, dass ein Coach sich auf dem Gebiet, auf dem er tätig ist, auch auskennt. Man stelle sich einen Führungskräftecoach vor, der selbst noch nie Vorgesetzter war, der weder die Themen und Probleme noch die Komplexität kennt, mit der eine Führungskraft täglich konfrontiert wird. Man stelle sich einen Businesscoach vor, der selbst noch nie ein Unternehmen leitete, oder einen Sportcoach, der selbst noch nie Sport trieb. Eine solcher Coach ist wie ein Schwimmtrainer, der selbst noch nie im Wasser war.

Wenn ein Coach das Thema „Schwierige Mitarbeiter und Low Performer" in sein Portfolio aufgenommen hat, sollte er auf diesem Gebiet Spezialist sein. Die Komplexität dieses Themas mit all seinen Einflussfaktoren wird schnell unterschätzt. In der Praxis rächt sich das: Die Kosten steigen und die zu ändernde Situation spitzt sich zu.

---

[12] Das Systemische Coaching beruht auf der Systemtheorie von N. Luhmann und den Erkenntnissen des Radikalen Konstruktivismus.

Der Coachee

Indikator für den Erfolg eines Coachings ist natürlich der Coachee. Für eine Veränderung muss ein Mensch seine „Komfortzone" verlassen wollen. Dazu ist meist eine Situation nötig, die Handlungsdruck erzeugt. Allein der Wille kann dann Einstellungen und Motivation ändern. Er muss aber durch situative Adaptionsfähigkeit ergänzt werden. Fehlt sie, kann der Coachee zwar neue Instrumente, Methoden und Techniken erlernen, sie jedoch nicht anwenden. Ein Coaching wäre in diesem Fall sinnlos. Situative Adaptionsfähigkeit ist also eine unabdingbare Voraussetzung für ein erfolgreiches Coaching.

Das Umfeld des Coachees

Ohne die Unterstützung durch sein Umfeld wird es für einen Coachee schwer, eine Änderung von Verhalten und Methodik zu initiieren und konstruktiv voranzutreiben.

Das Umfeld besteht aus Familie, Kollegen und Vorgesetzten. Zumindest letztere sollten wissen, dass ihr Mitarbeiter gecoacht wird Es empfiehlt sich, sie in das Coaching einzubeziehen. Die Realität zeigt, dass einige Vorgesetzte anderenfalls auf eine Verhaltensänderung ihres Mitarbeiters irritiert oder gar nicht reagieren.

Der Weber-Fechner-Effekt führt bei Veränderungen häufig zu Problemen. Er besagt, dass ein gewisses Mindestmaß an Veränderungen stattfinden muss, damit ein Zustand als verändert wahrgenommen wird.[13] Führungskräfte und Vorgesetzte erwarten häufig zu schnell sichtbare Resultate und nehmen die kleinen Veränderungen nicht oder zu spät wahr. Das lässt

---

[13] Am einfachsten lässt sich der Weber-Fechner-Effekt am Beispiel von 1000 angezündeten Kerzen erklären. Löscht man lediglich 50, wird niemand den Unterschied bemerken. Man muss mindestens 250 Kerzen löschen, damit die aktuelle Situation als verändert wahrgenommen wird.

beim Coachee häufig den Eindruck entstehen, das Coaching sei gar nicht willkommen. Er verliert seine Motivation und die Erfolgschancen sinken drastisch. Wird ein Coachee von seinem Umfeld nicht unterstützt, ist ein erfolgreiches Coaching nicht möglich.

Was lässt sich überhaupt verändern?

Coaching soll in sozialen Zusammenhängen eine gezielte Veränderung der aktuellen Lage erreichen. Doch was lässt sich hier überhaupt verändern?

Die Persönlichkeit eines Menschen wird aus folgenden Faktoren gebildet:

- Eigenschaften,
- Motivationen,
- Einstellungen,
- Fähigkeiten und Fertigkeiten.

Eigenschaften sind stabile und dauerhafte Dimensionen einer Persönlichkeit. Dazu gehören zum Beispiel Introversion oder Extraversion, Offenheit oder Verschlossenheit. Sie sind nach meiner Erfahrung durch ein Coaching nicht zu ändern.

> Verändern lassen sich jedoch Einstellungen, Fähigkeiten, Fertigkeiten und Motivationen. Erst aus ihrer Änderung ergibt sich auch eine Änderung des Verhaltens.

Ein schwieriger Mitarbeiter soll sein soziales Verhalten ändern. Dazu bedarf es meist erst einmal einer Änderung seiner Einstellung. Einstellungen sind Resultate von Sichtweisen. Es besteht eine hohe Chance, sie durch Coaching zu ändern.

Durch die Änderung einer Einstellung ändert sich nicht selten auch die Motivation. Ist ein Mensch von der Notwendigkeit überzeugt, sein bisheriges Verhalten zu ändern, braucht er eine Alternative. Erst dann kann er das Alte loslassen. Er muss zudem eine Verbesserung seiner Situation durch das alternative Verhalten erwarten. Hier kann Coaching ansetzen. Bei einem schwierigen Mitarbeiter ist es aus meiner Erfahrung sinnvoll, ihn mittels Kamera mit seiner Außenwirkung zu konfrontieren. Die Voraussetzungen für solch ein Vorgehen sind das Vertrauen und das Einverständnis des Klienten.

> Gehen oder Bleiben: In einem Coaching von schwierigen Mitarbeitern oder Low Performern muss ein Coachee entscheiden, ob er im Unternehmen bleiben oder kündigen möchte. Entscheidet er sich fürs Bleiben, entscheidet er sich auch für das Einhalten der Regeln des Unternehmens!

Für ein grundlegendes Verständnis von Coaching ist es hilfreich, sich den Coachee als einen Baum vorzustellen, mit Stamm, Ästen, Wurzeln und Blättern.

> Stamm und Wurzeln sind nicht veränderbar. Verändern lassen sich aber die Richtungen der Äste. Um einen einzelnen Ast als Symbol für ein bestimmtes Verhalten dauerhaft auszurichten, muss dieser für eine bestimmte Zeit unter Spannung gesetzt werden. Lässt der Coachee seinen Ast zu früh los, rückt er wieder in die alte Position. Biegt der Coachee ihn zu schnell und zu fest, bricht er. Erst nach einer gewissen Zeit und unter dem richtigen Druck ändert der Ast seine Richtung dauerhaft.

Nicht bei allen Problemen im Unternehmen ist ein Coaching nötig. Fehlt es an Wissen, kann eine Teilnahme an einschlägigen Vorträgen und Seminaren helfen. Je nach Adaptionsfähigkeit eines Teilnehmers können hier auch Fertigkeiten erworben werden. Doch in den meisten Vorträgen und Seminaren sitzen die Mitarbeiter von Unternehmen kostenlos, und viele leider auch umsonst.

Nicht für jeden Mitarbeiter ist jeder Trainer geeignet. Art der Vermittlung und Art der Aufnahme müssen zueinander passen. In bestimmten Fällen ist ein Einzelcoaching die beste Wahl. Hier können die Gründe für die mangelhafte Fähigkeit, Erlerntes gewinnbringend anzuwenden, gemeinsam gefunden und beseitigt werden.

Die folgende Grafik gibt einen Überblick über die Optionen:

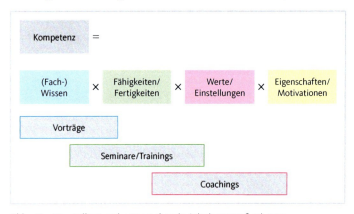

Abb. 28: „Baustellen" und entsprechende Schulungsmaßnahmen

Welche Coachingmethoden sind sinnvoll?

Mittlerweile existieren Dutzende von Ansätzen, Sichtweisen und Methoden, die zum Teil kontrovers diskutiert werden. Sie hier aufzuzählen, würde den Rahmen sprengen. Ich beschränke mich deshalb im Folgenden auf zwei Varianten, die sich im Kern voneinander unterscheiden.

Das Hebammenprinzip

Die häufigste Methode ist die passive Lenkung des Coachees. Dabei soll der Klient die Ursachen seiner Defizite selbst erkennen und selbstständig einen Weg zu deren Beseitigung finden. Der Coach begleitet und unterstützt ihn dabei mit den „richtigen Fragen". Dieser Ansatz steht in der Tradition der Sokratischen Gesprächsführung, die oft als „Hebammenkunst" bezeichnet wird: Der Trainer ist quasi Geburtshelfer, die eigentliche Anstrengung (hier die Denkarbeit) liegt jedoch beim Coachee selbst. Dieser zeichnet unter Anleitung des Coachs seine Lage und seinen Lösungsweg Stück für Stück auf.

Diese Methode verspricht nachhaltige Ergebnisse, ist aber zeitintensiv und deshalb für ungeduldige Zeitgenossen ungeeignet.

Das Konfrontationsprinzip

Das Konfrontationsprinzip geht davon aus, dass jeder Coachee seine Defizite und seine Situation genau kennt. Daher erarbeitet der Coachee nicht selbst seine „Baustellen" und seine aktuelle Situation mit Hilfe der Hebammenkunst. Vielmehr erkennt dies der Coach für ihn und konfrontiert ihn mit seinen Vermutungen. Ein erfahrener Coach sollte in der Lage sein, ein so präzises Bild zu zeichnen, dass der Coachee sich emotional in ihm wiedererkennt und eine Verhaltensänderung anstrebt. Auch bei der konfrontativen Methode erarbeitet der Coachee unter Anleitung des Coachs Lösungsstrategien und deren Konsequenzen.

Neben diesen Grundformen existieren zahlreiche Abwandlungen. Es gibt dabei kein Falsch oder Richtig – jeder Mensch braucht „seine" Methode, denn nicht jede ist für jeden geeignet.

> Die Aufgabe des Coachs ist es, die für den jeweiligen Klienten passende Methode zu erkennen, zu beherrschen und erfolgreich anzuwenden.

Je mehr Methoden ein Coach beherrscht, desto erfolgreicher wird seine Arbeit sein.

Nachwort

Die Themen Minderleister, Schlechtleister und „schwierige Mitarbeiter" lassen sich nicht innerhalb eines Buches erschöpfend behandeln. Zu groß ist die Individualität, zu groß ist die Komplexität. Vielleicht haben Sie die eine oder andere Methodik oder das eine oder andere Instrument für sich entdeckt. Vielleicht haben Sie auch festgestellt, dass keines auf Ihr Unternehmen oder zu Ihnen passt.

Doch vielleicht konnte ich Ihnen mit meiner Sichtweise und unseren Erfahrungen den einen oder anderen Impuls mitgeben. Es ist die Änderung der Sicht, die jeden Veränderungsprozess initiiert.

In diesem Sinne wünsche ich Ihnen weiterhin viel Erfolg als Führungskraft und die Kraft, jenes zu ändern, was sie stört.

Ihr Dr. Markus Dobler

Literatur

Allport, G.W. & Odbert, H.S. (1936). *Trait-names, a psycholexical study.* Psychological Monographs, 47 (1. Whole No.211).

Buchester, S. (2012). *Seminar über Motivation.* Leipzig.

Croset, P. & Dobler, M. (2012). *Die rechtssichere Abmahnung: Ein Leitfaden für Personalabteilung und Geschäftsführung.* Wiesbaden: Gabler Verlag.

Dobler, M. (2006). *Die vier Erfolgsfaktoren einer beruflich geführten Kommunikation: Eine Theorie von Markus Dobler.* Berlin: Logos Verlag.

Dobler, M. (2012). *Führungskräfte-Eignung: Weshalb so viele Führungskräfte im Alltag versagen und woran man Führungspotential erkennen kann. Hinweise für das Bewerbungsgespräch und den beruflichen Alltag.* Berlin: KaDo.

Dobler, M. (2013). *Führungskompetenz beginnt mit Führungskommunikation: Essays zu Führungsthemen in der Wirtschaft.* Berlin: KaDo.

Lehrer, J. (2009). *Wie wir entscheiden: Das erfolgreiche Zusammenspiel von Kopf und Bauch.* München: Pieper Verlag.

Löhner, M. (2009). *Führung neu denken: das Drei-Stufen-Konzept für erfolgreiche Manager und Unternehmen.* Frankfurt: Campus-Verlag.

Rosenstiel, L. v. (1995). *Motivation von Mitarbeitern.* In: L. v. Rosenstiel (Hrsg.). Führung von Mitarbeitern. Handbuch für erfolgreiches Personalmanagement. Stuttgart: Schäffer-Poeschel Verlag. S. 161-176

Spitzer, M. (2009). *Kann man Glück wissenschaftlich untersuchen?.* In: E. v. Hirschhausen. Glück kommt selten allein. Reinbek bei Hamburg: Rowohlt Verlag. S. 23-27.

Weitere Bücher der Autoren

Dr. Markus Dobler kommentiert in diesem Buch Fragen wie: Wieso versagen so viele Führungskräfte im Alltag? Welche Voraussetzungen müssen Führungskräfte mitbringen? Woran erkennt man Führungskräfte? Was bringen Assessment-Center?

Dieses Buch zeigt, wie wir uns täglich aufs Neue „verkaufen" und erklärt auf einfache Art und Weise wichtige psychologische Grundkenntnisse für Verkäufer und Führungskräfte. Es führt Sie zielsicher durch die vier Faktoren einer erfolgreichen Kommunikation.

Dr. Markus Dobler geht in diesem Buch u. a. folgenden Fragen nach: Kann man Mitarbeiter überhaupt motivieren? Wie kann eine Führungskraft wirklich überzeugen? Passt Ihr Führungsstil? Weshalb klappt es mit der Delegation so selten?

Rund 70 % aller Abmahnungen sind arbeitsrechtlich unwirksam und arbeitspsychologisch kontraproduktiv. Dieses Werk dient als praktische Hilfe für den Alltag von HR-Managern und Personalverantwortlichen und erläutert unter anderem die Anforderungen an wirksame Abmahnungen und Kündigungen und gibt arbeitspsychologische Hinweise für Abmahnungsgespräche.

Alle Bücher sind im Buchhandel oder unter info@drdobler.de erhältlich.